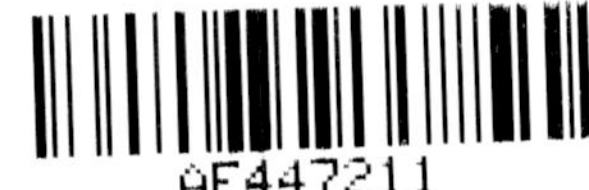

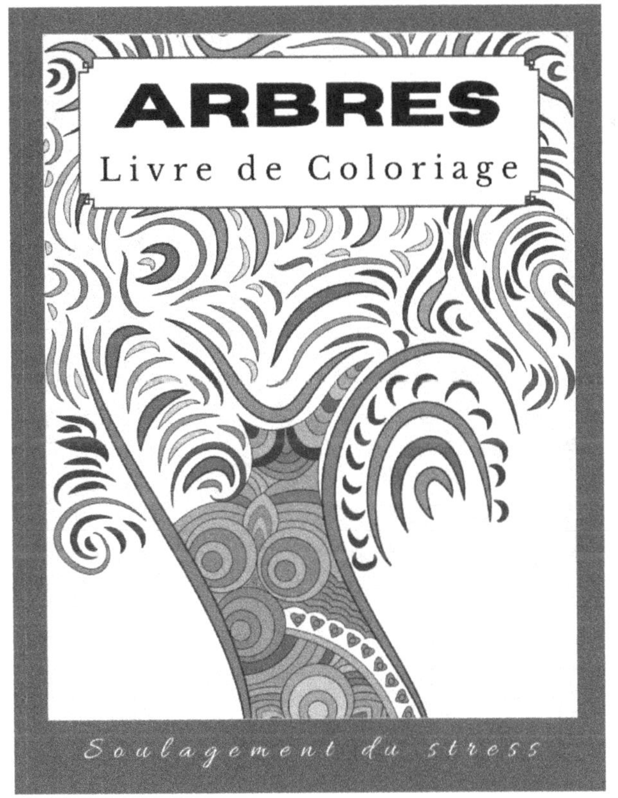

Ce Livre de Coloriage Appartient à :

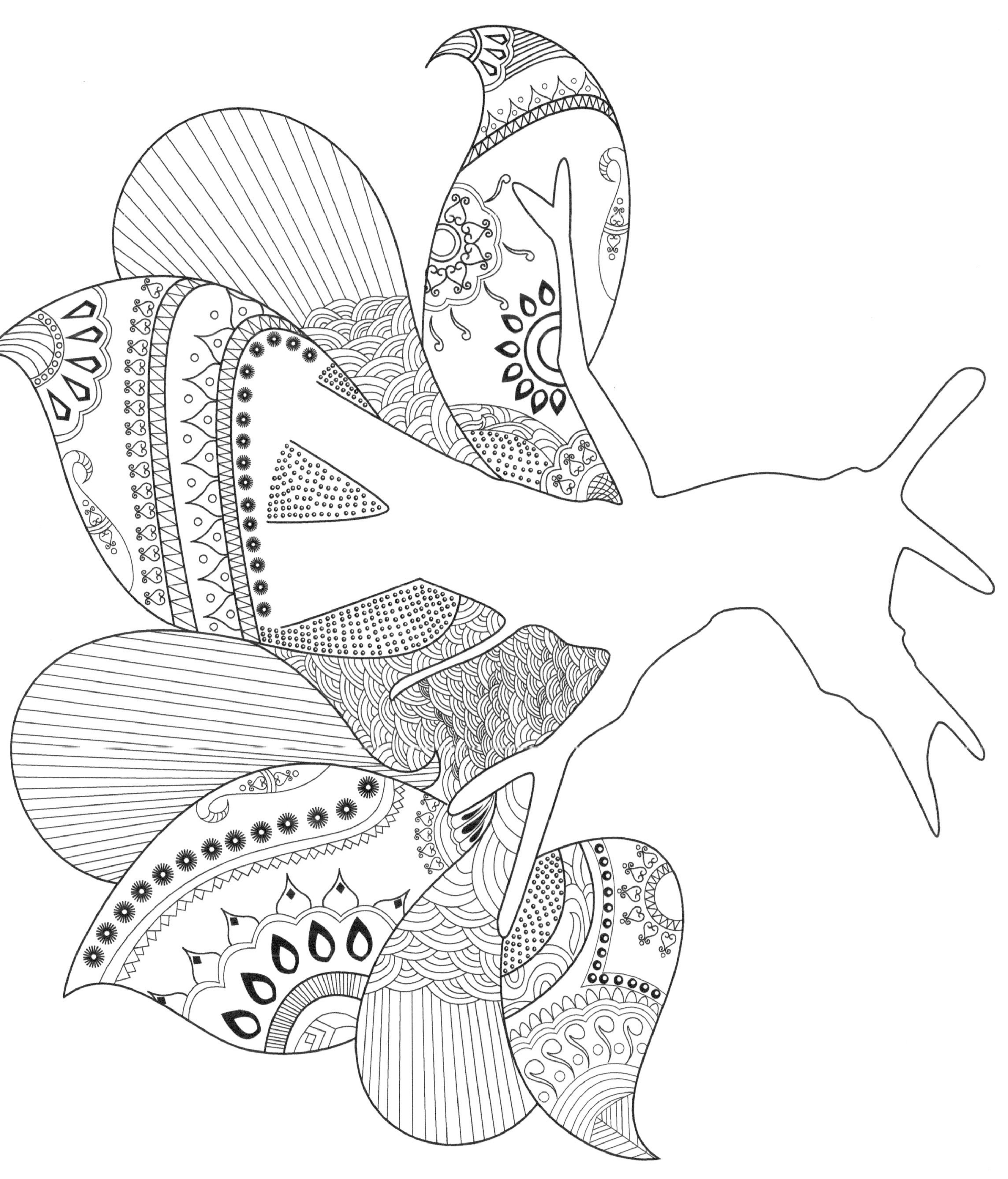

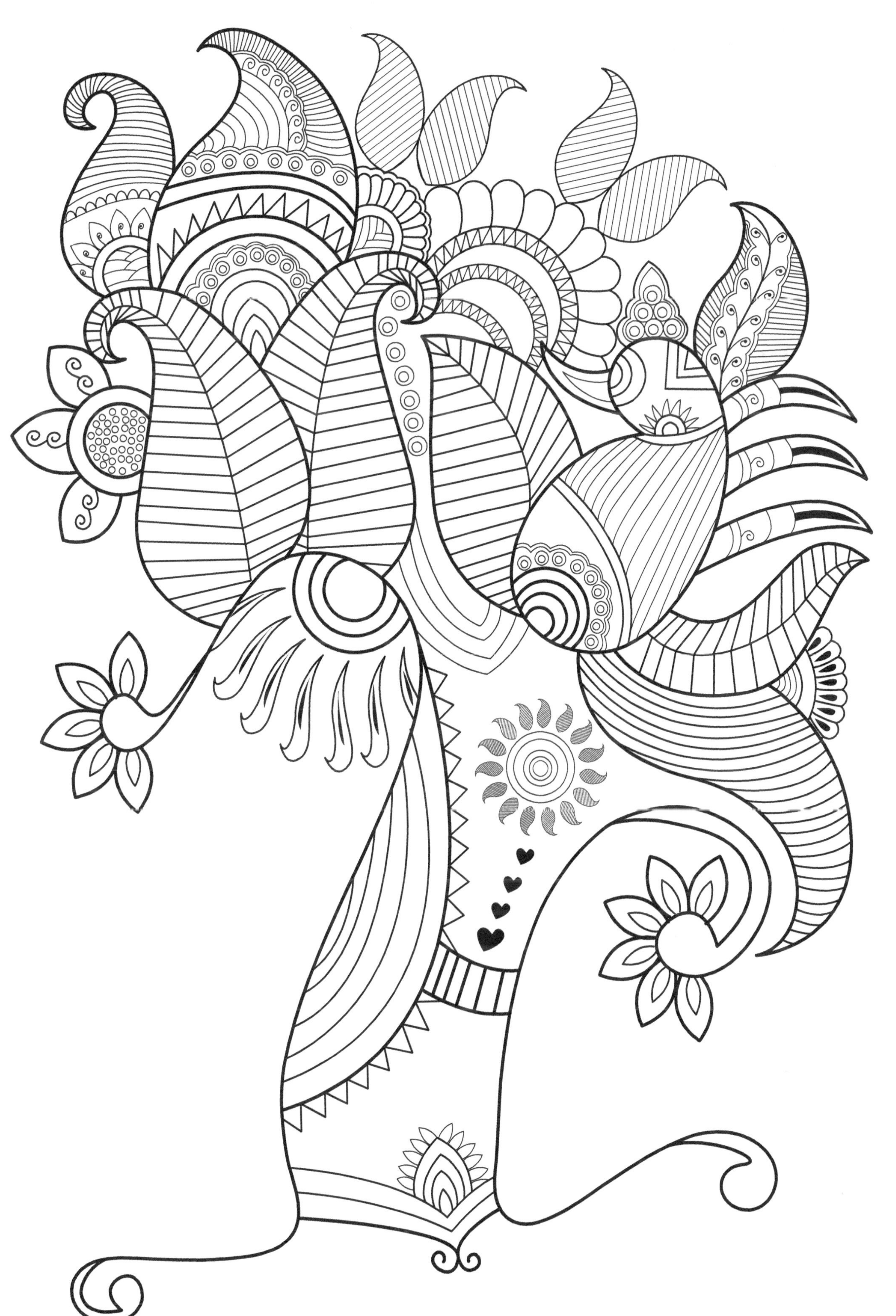

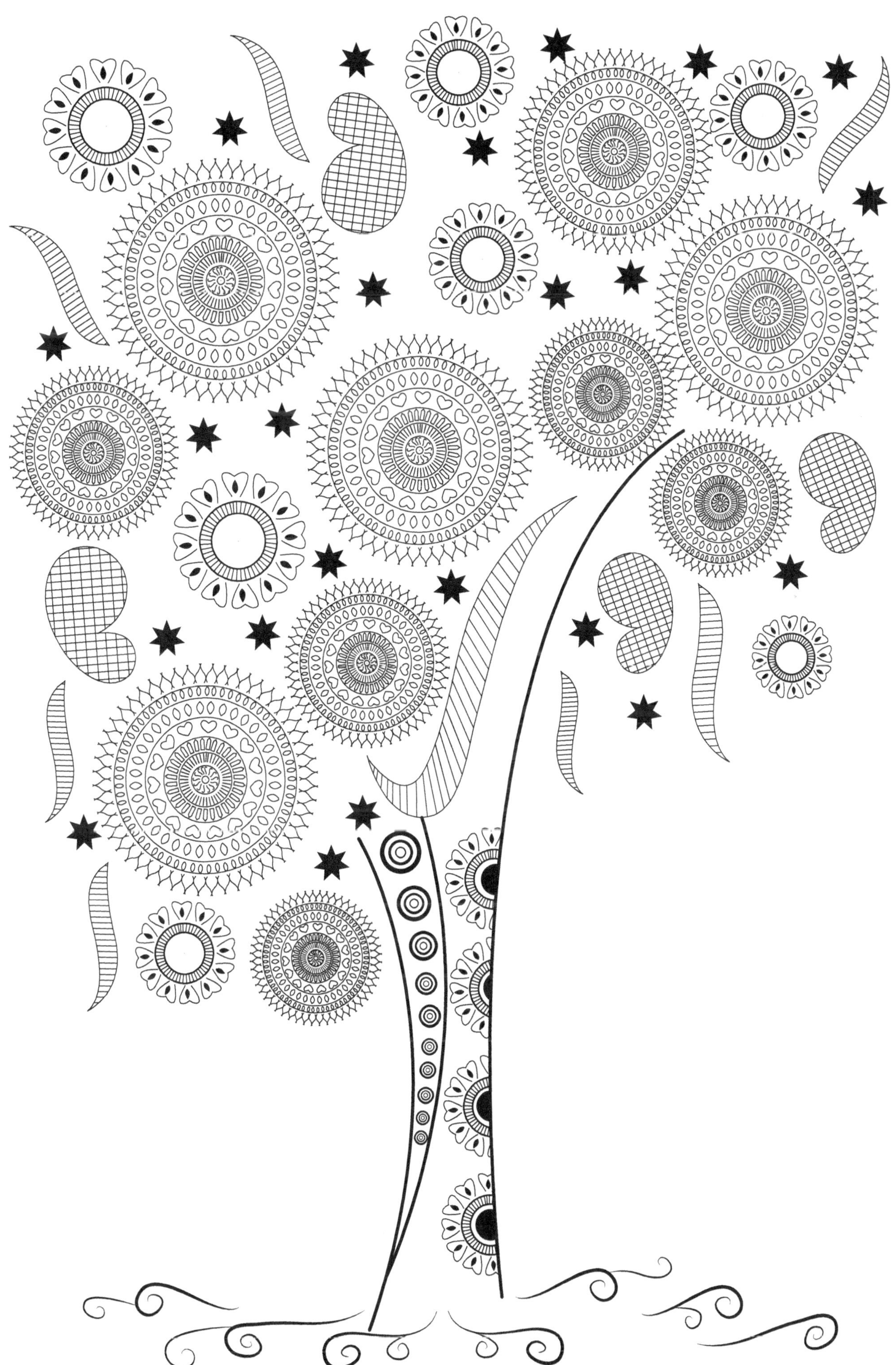

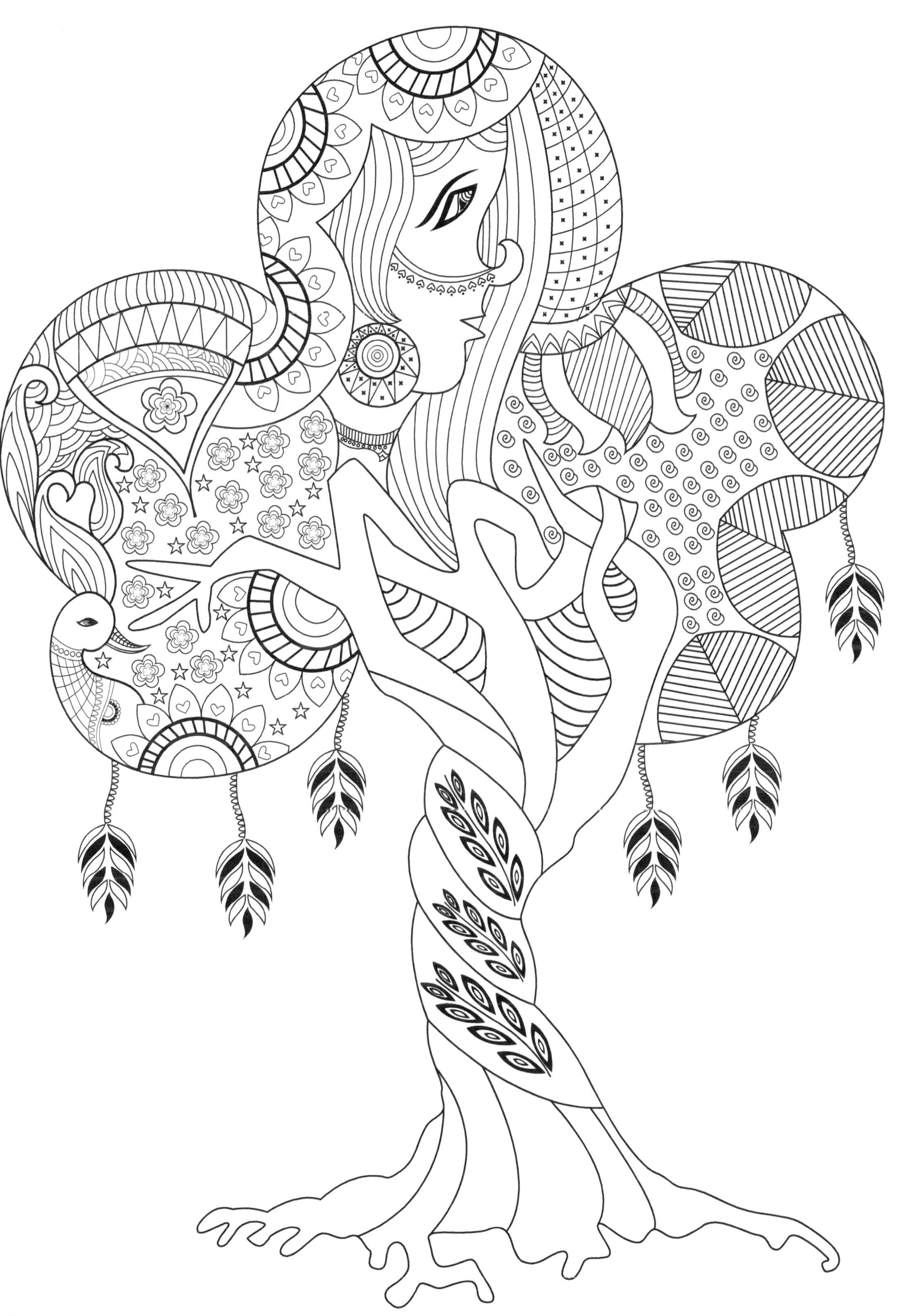

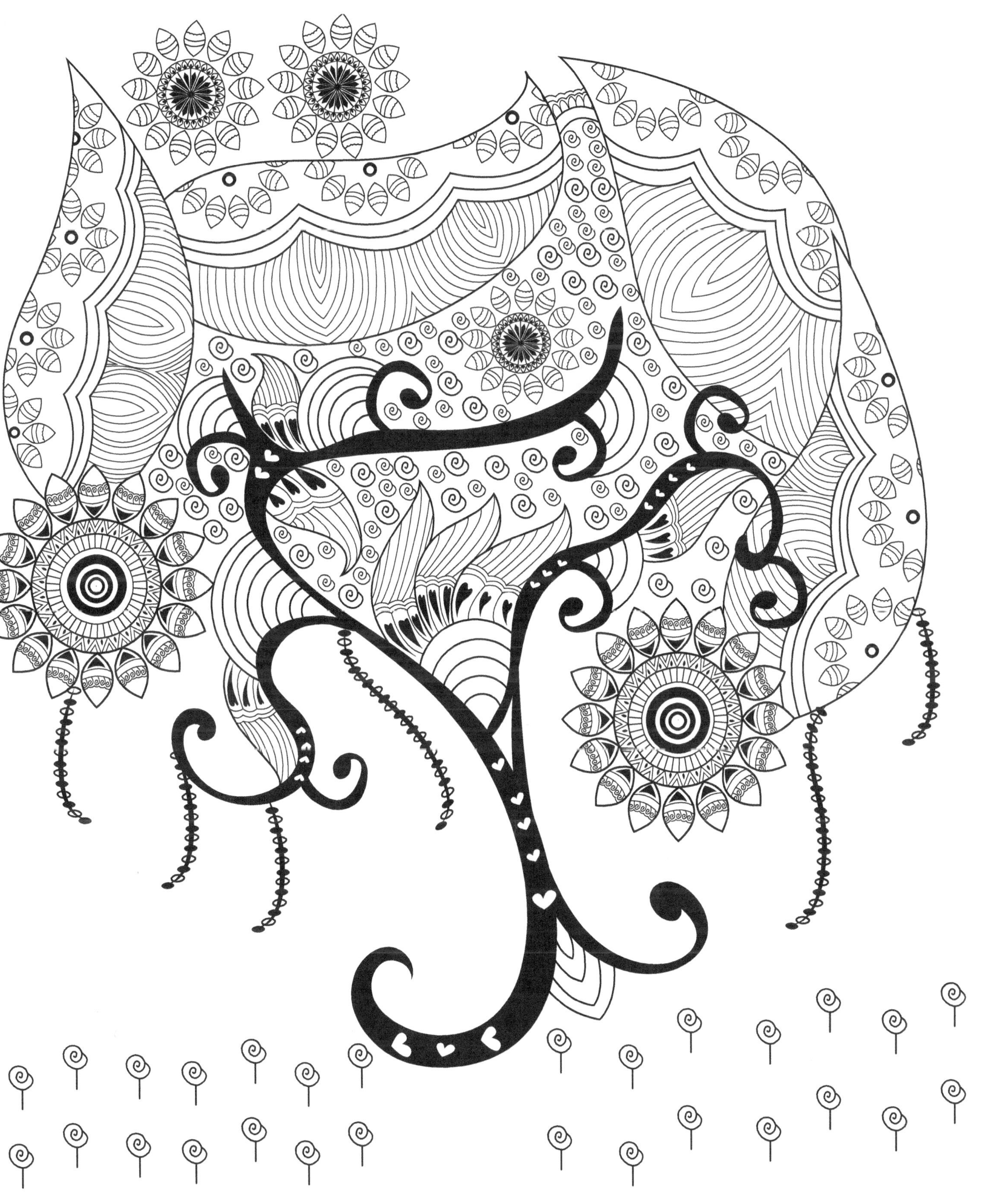

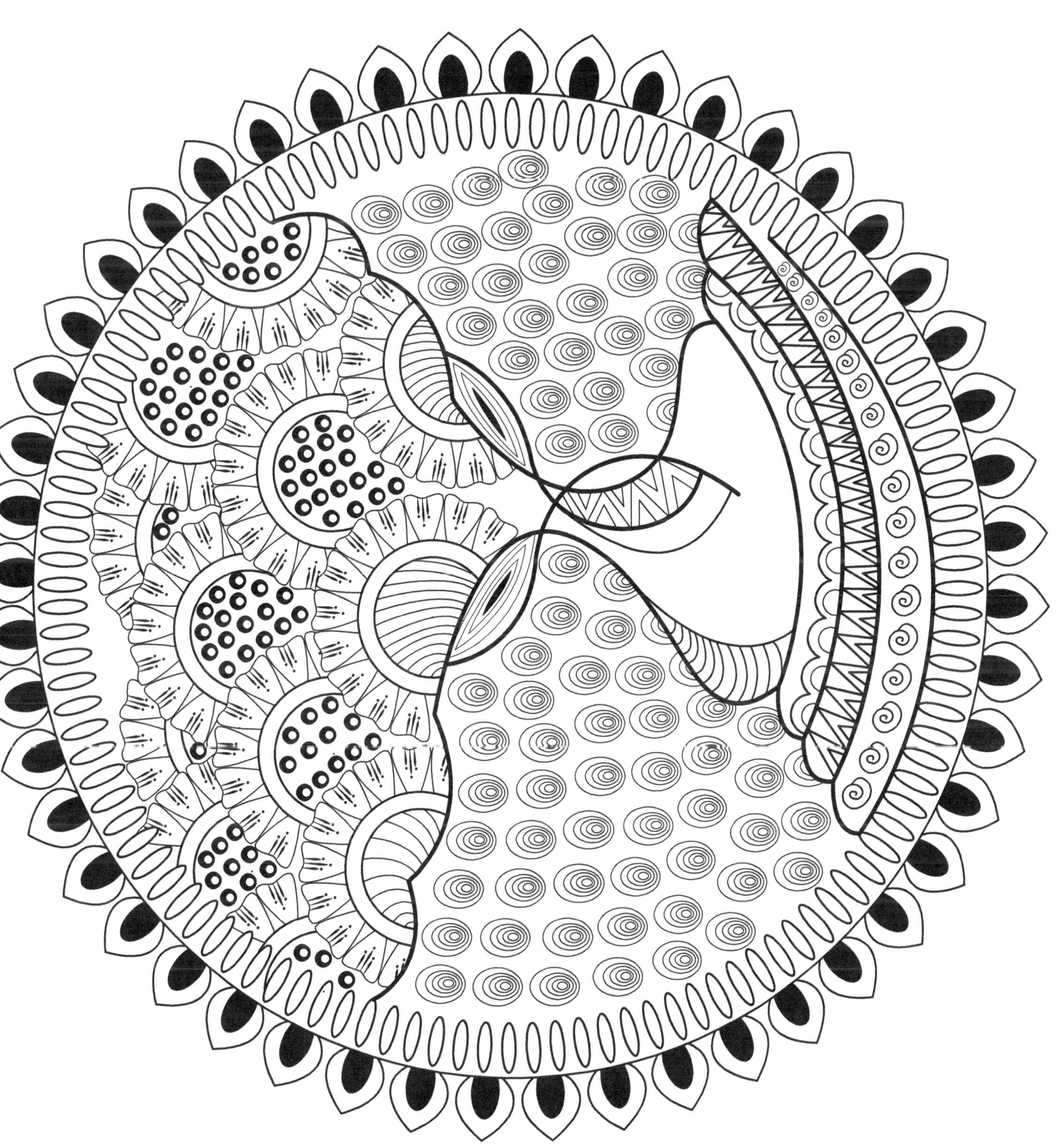

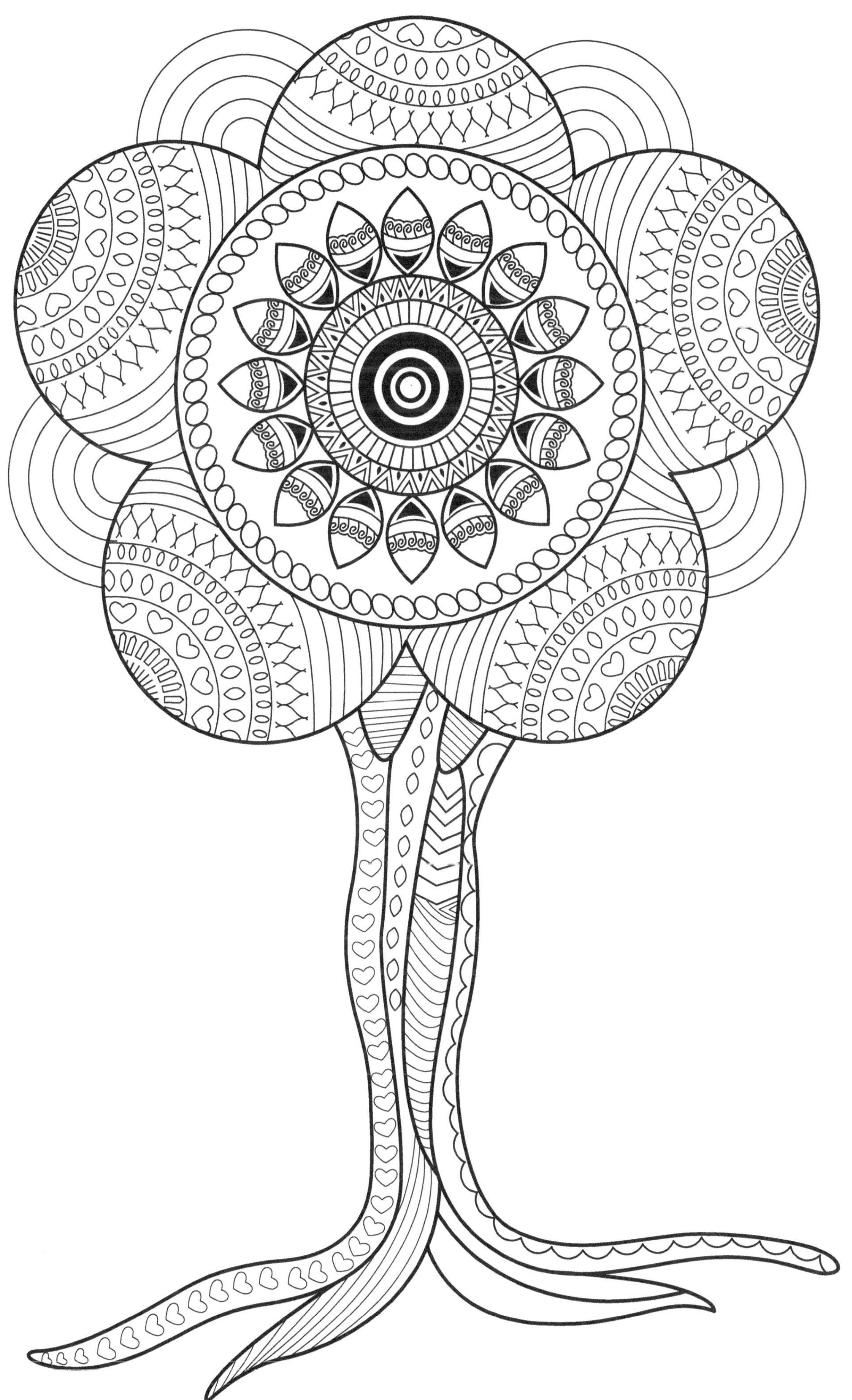

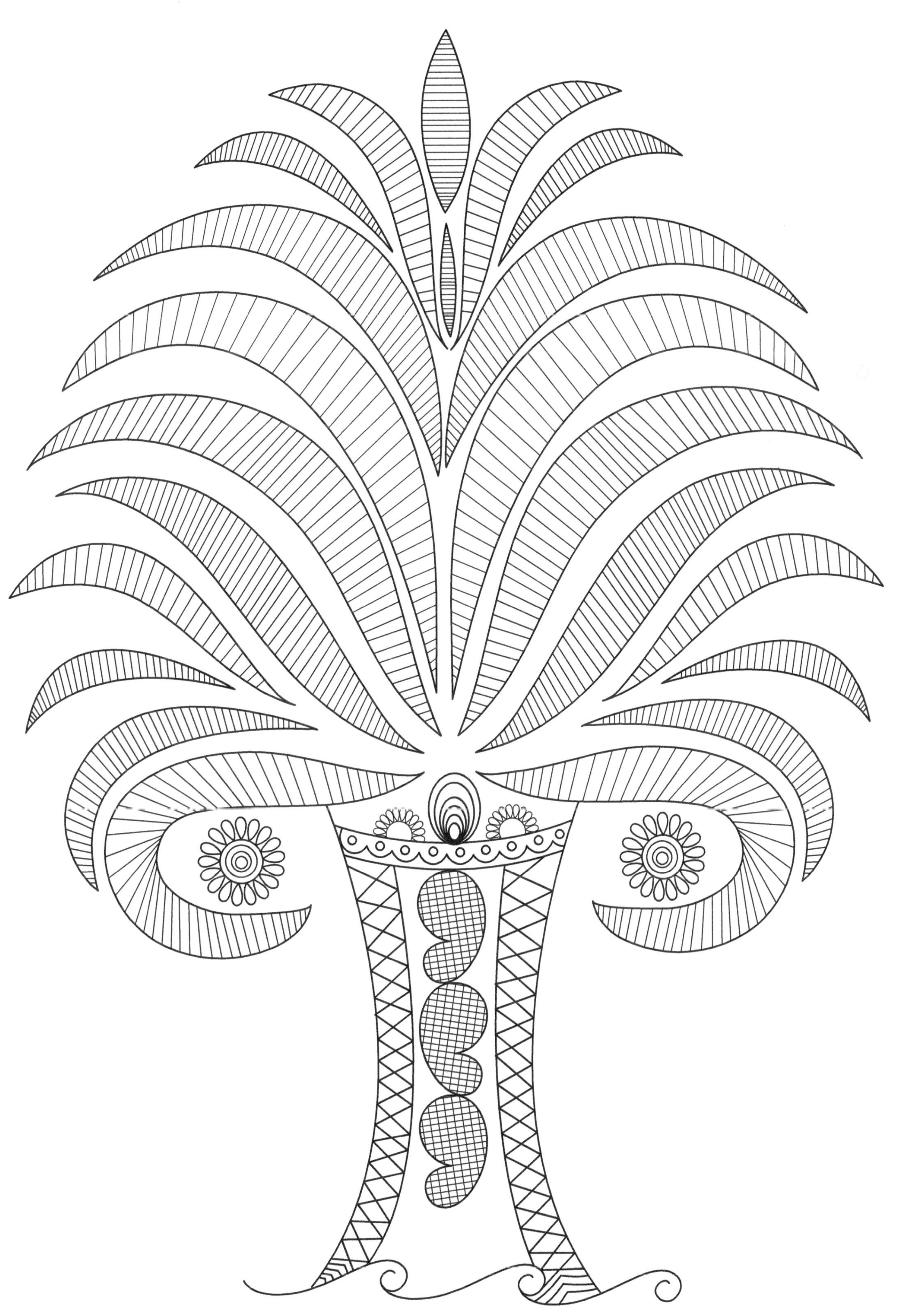

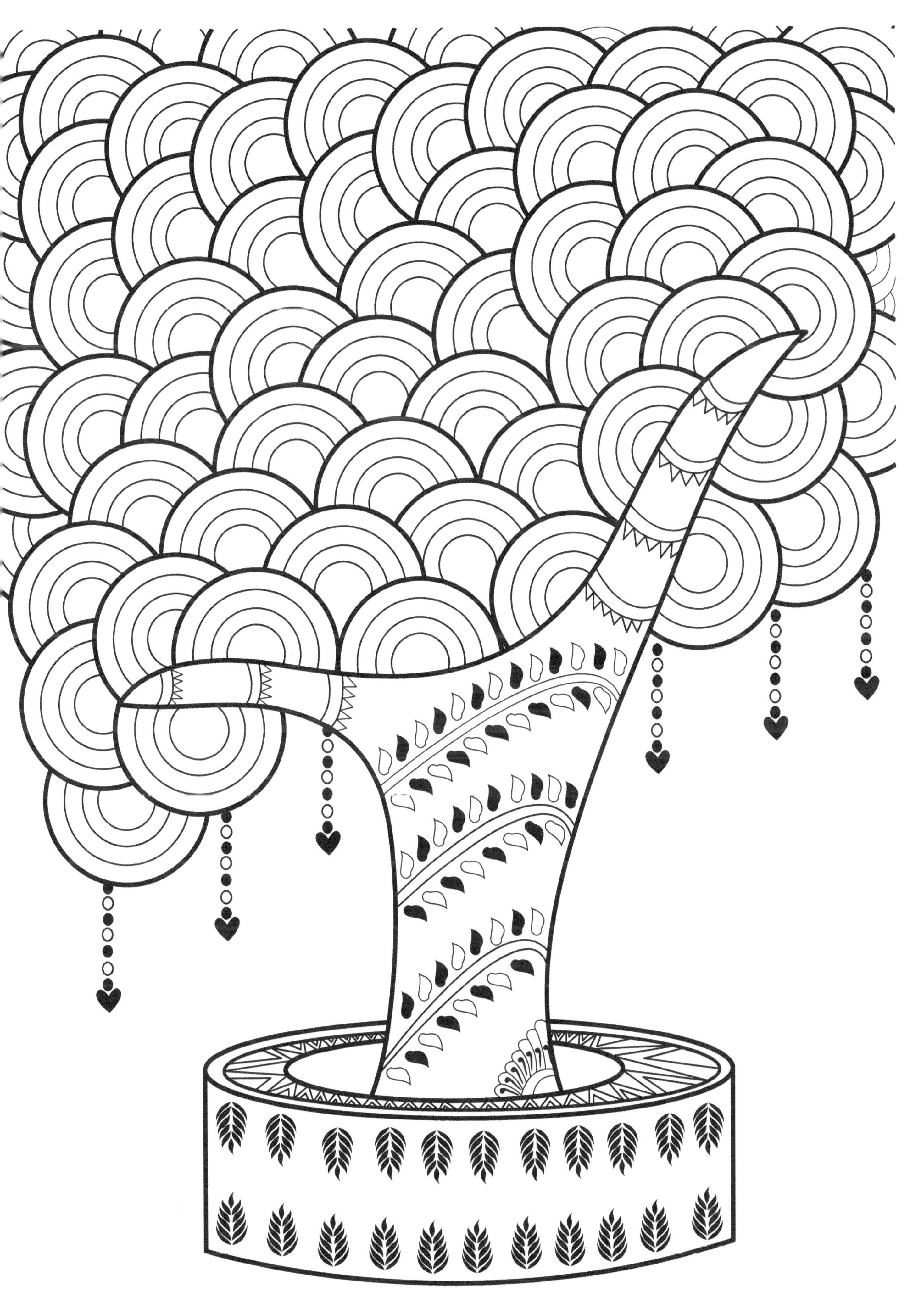

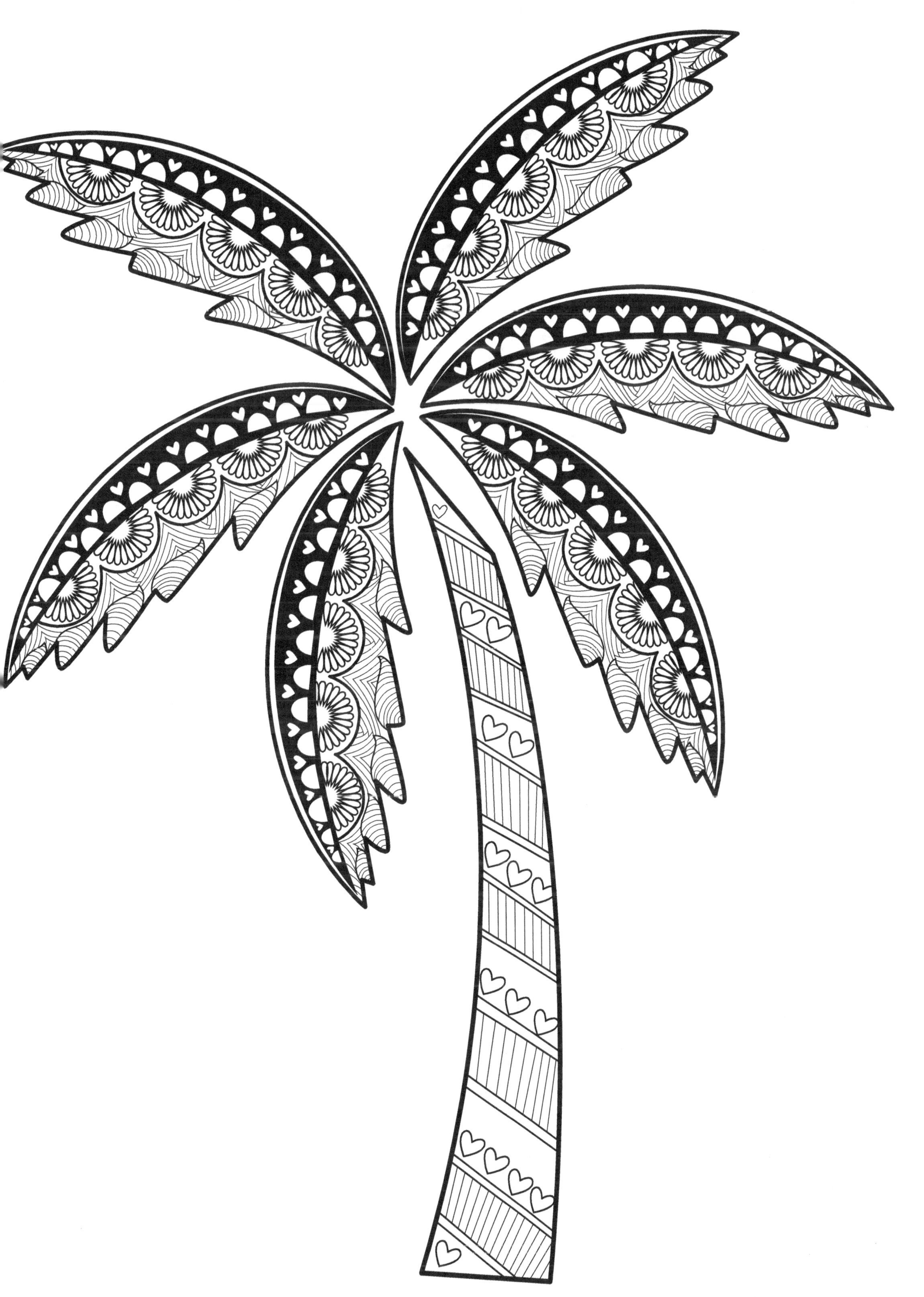

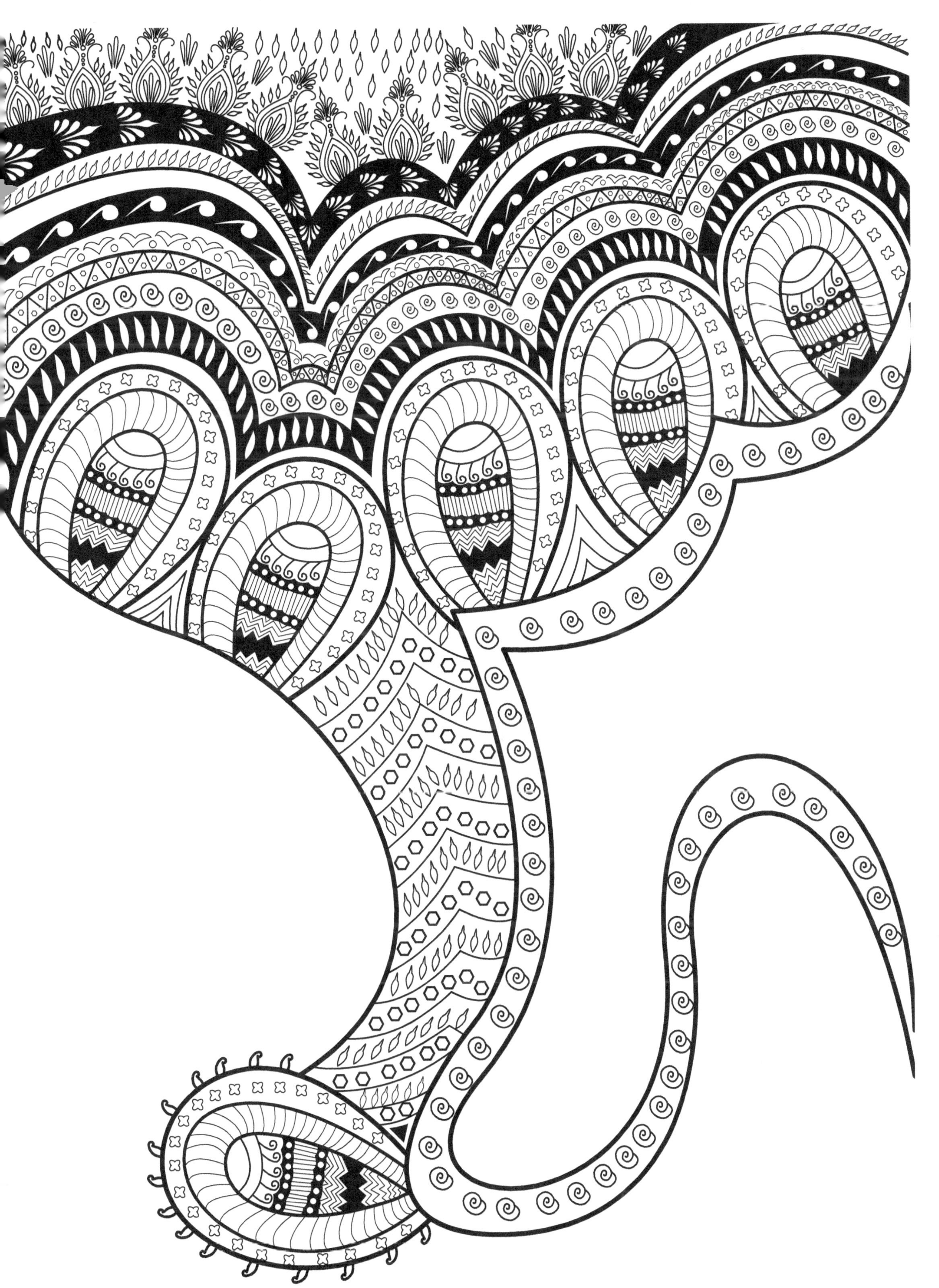

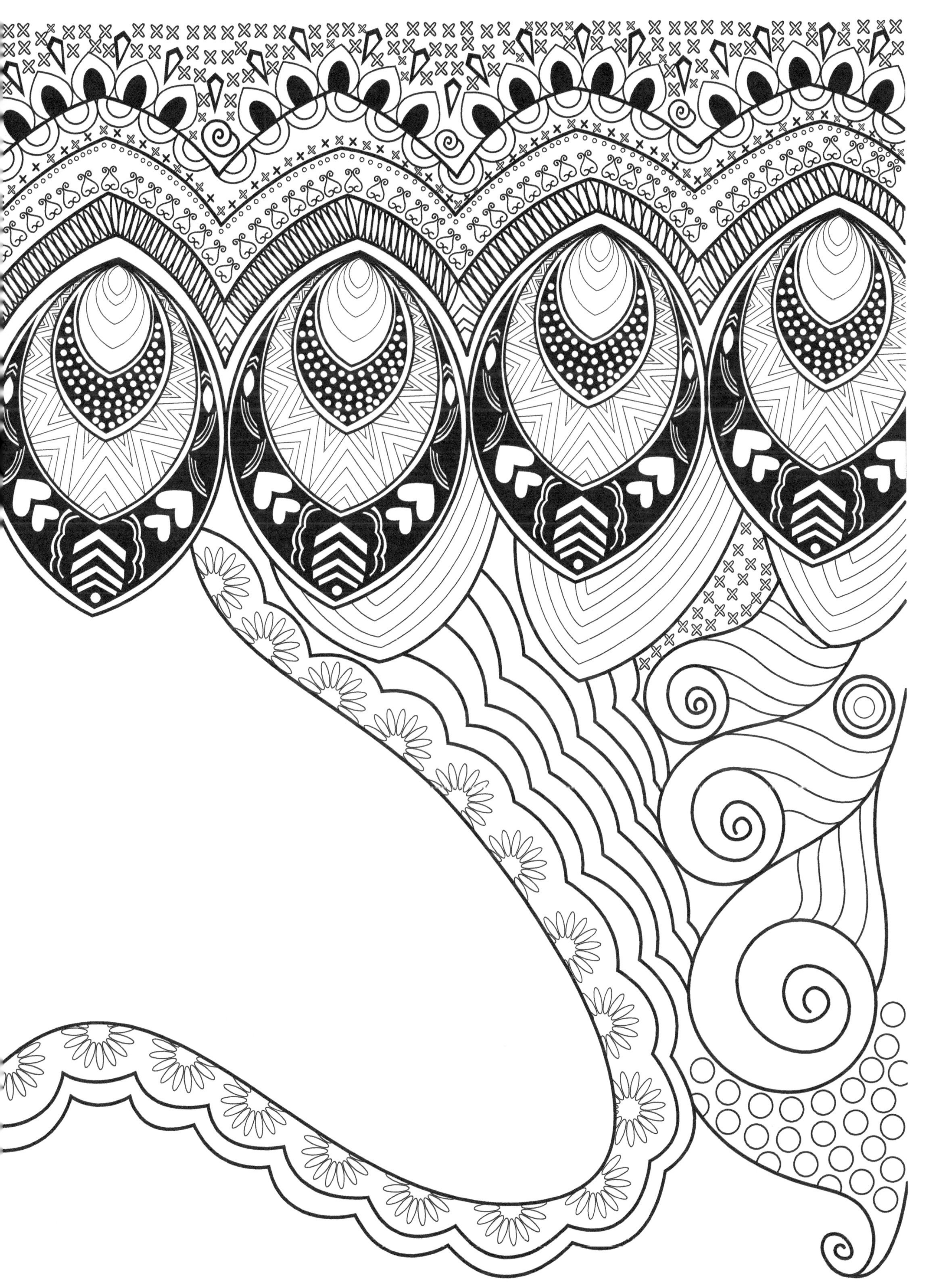

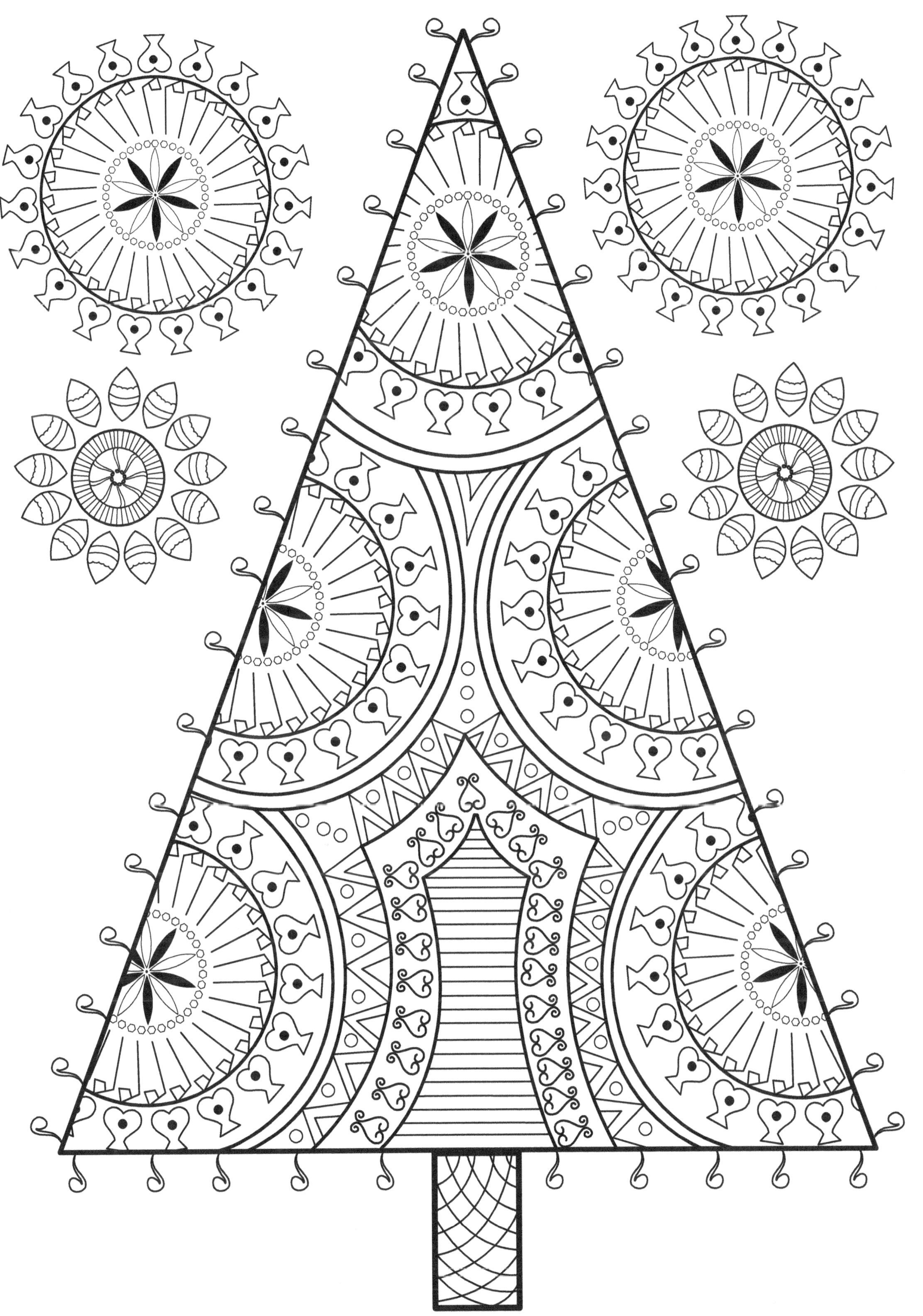

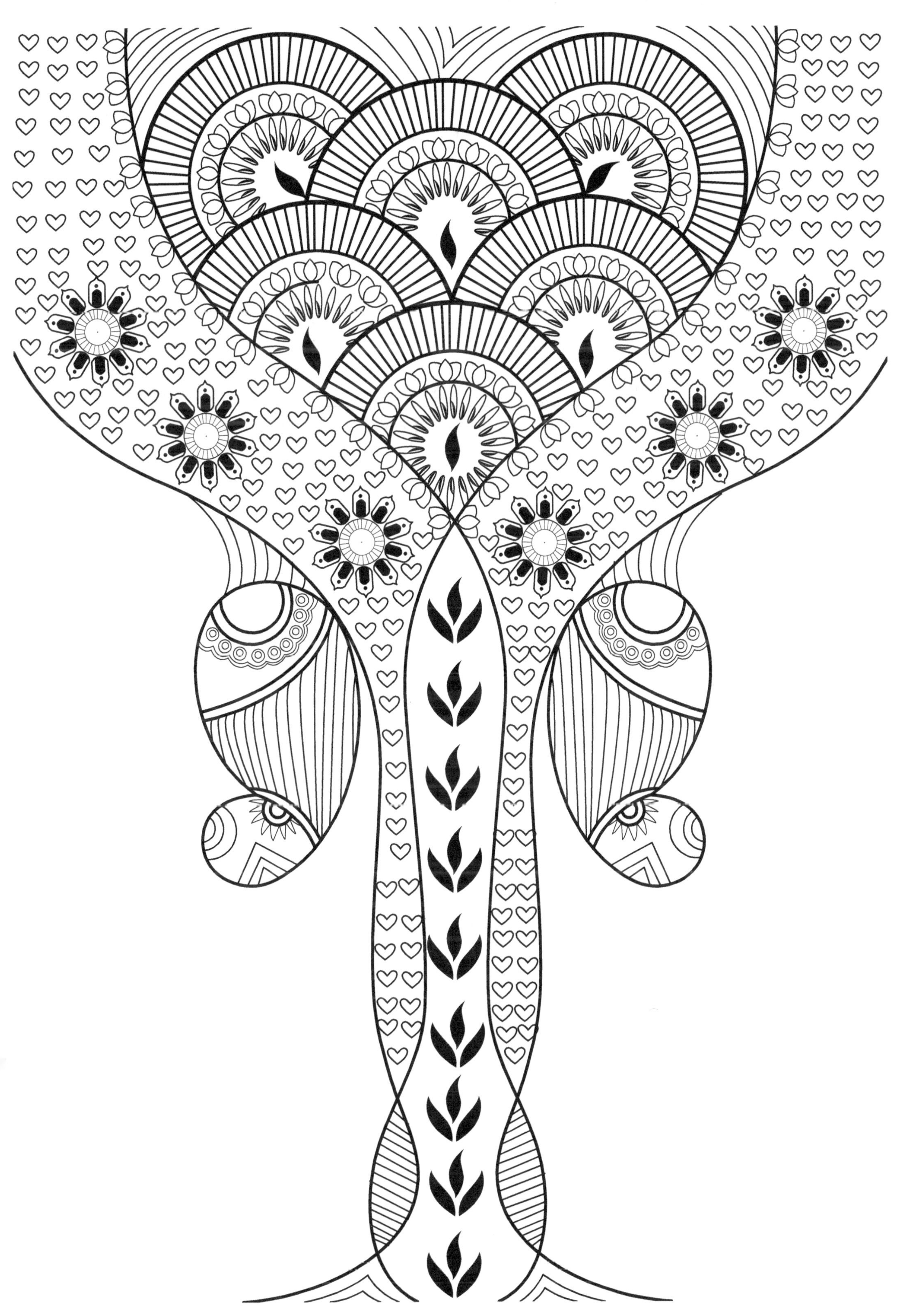

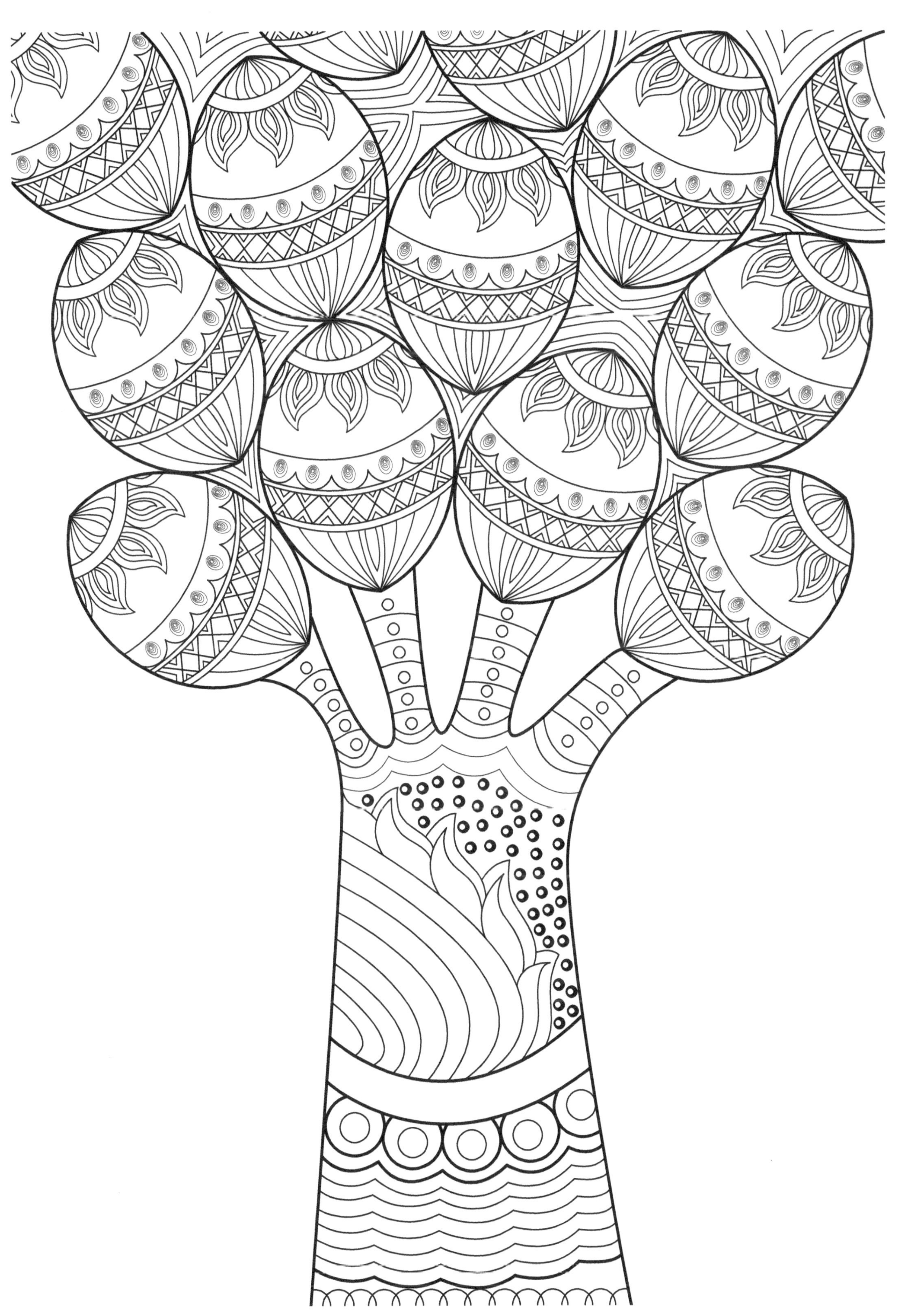

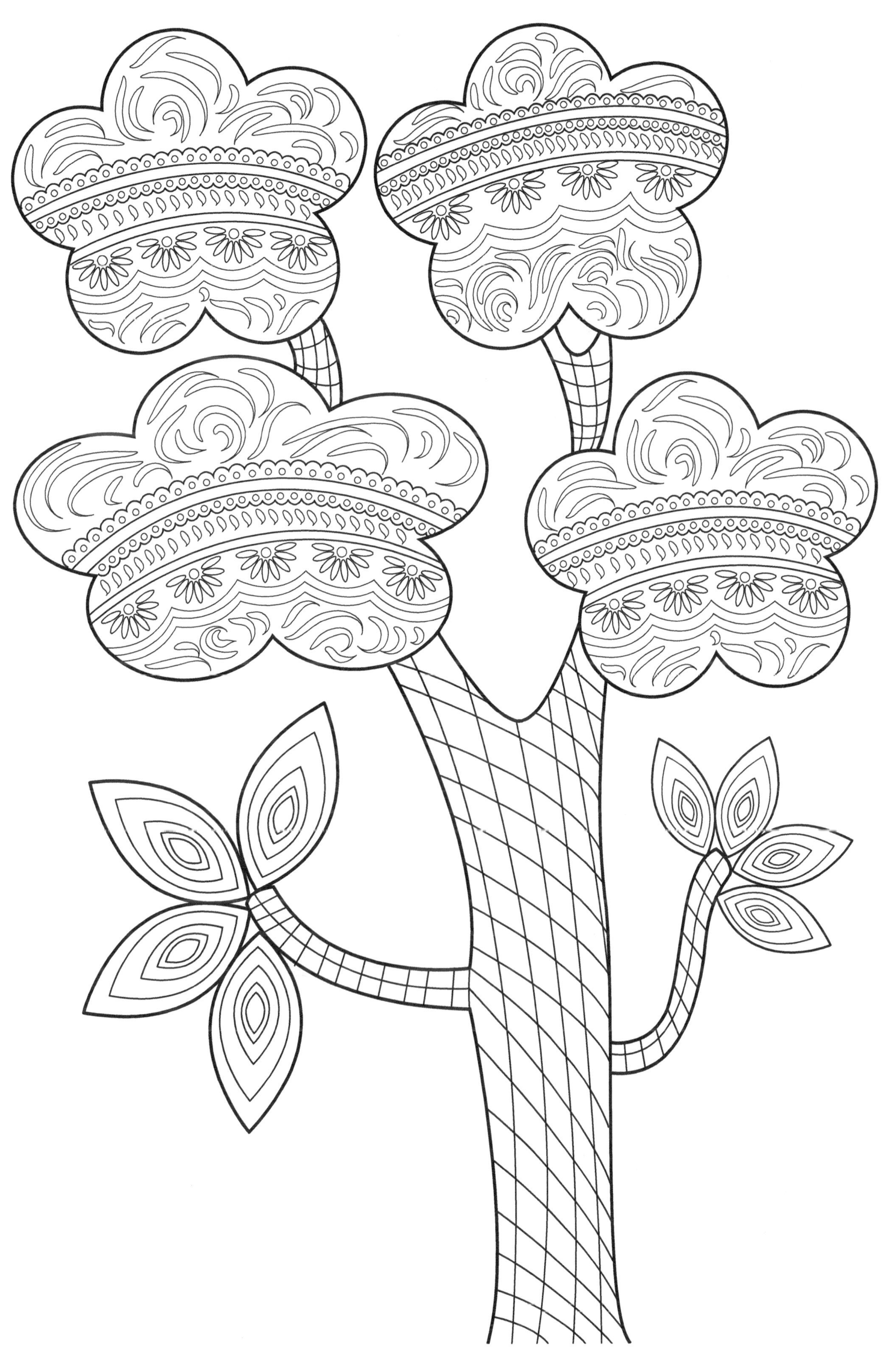

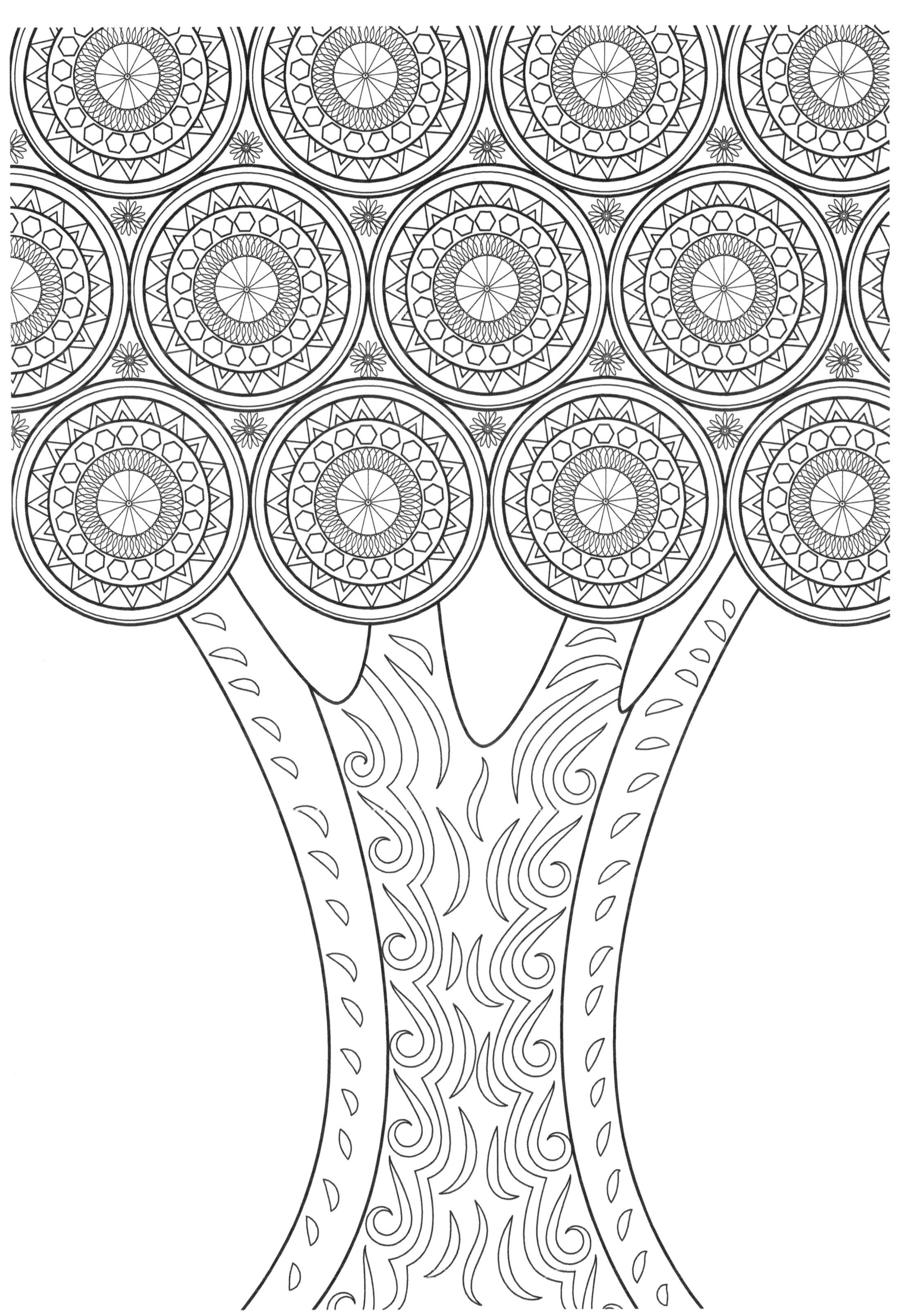

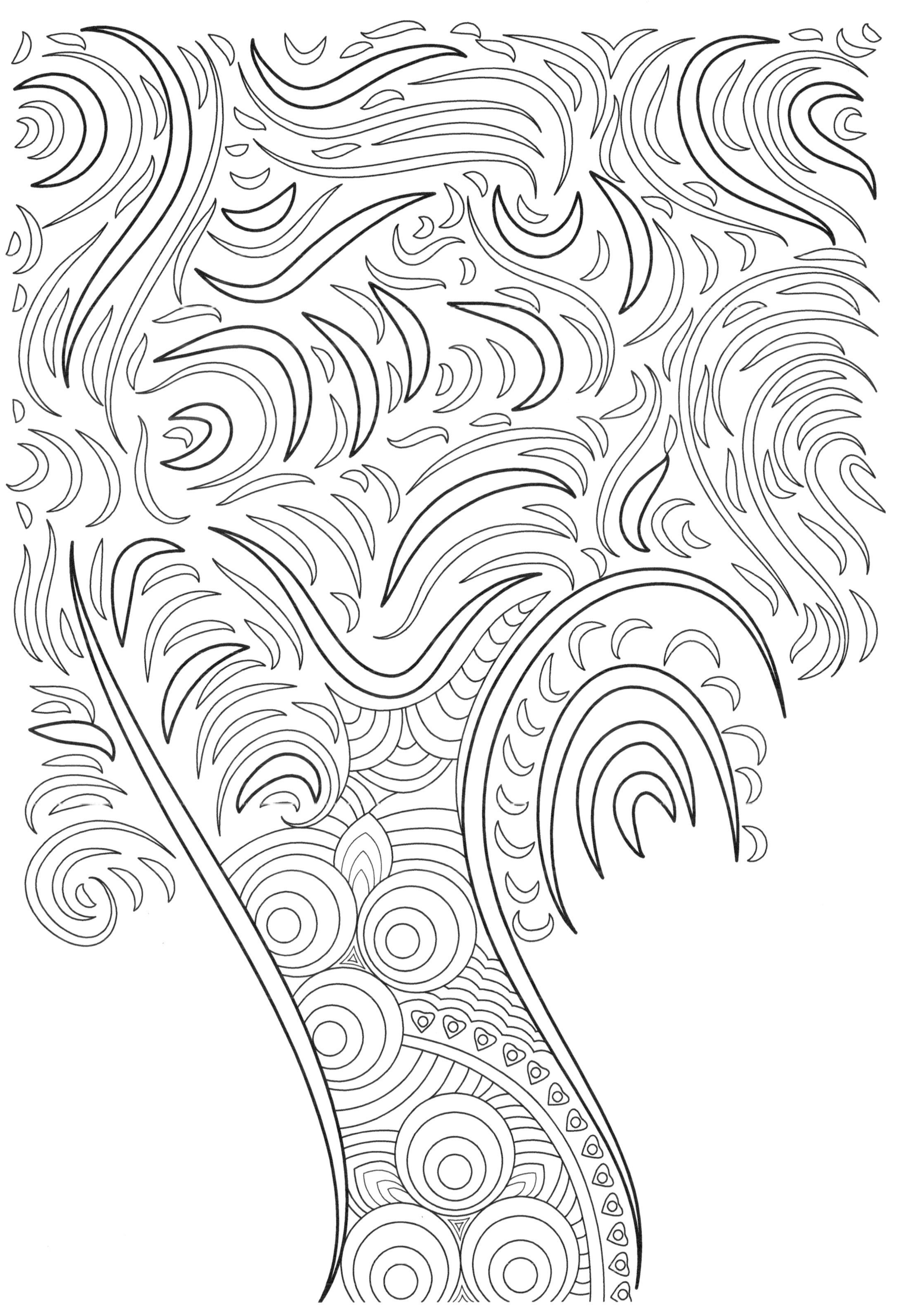

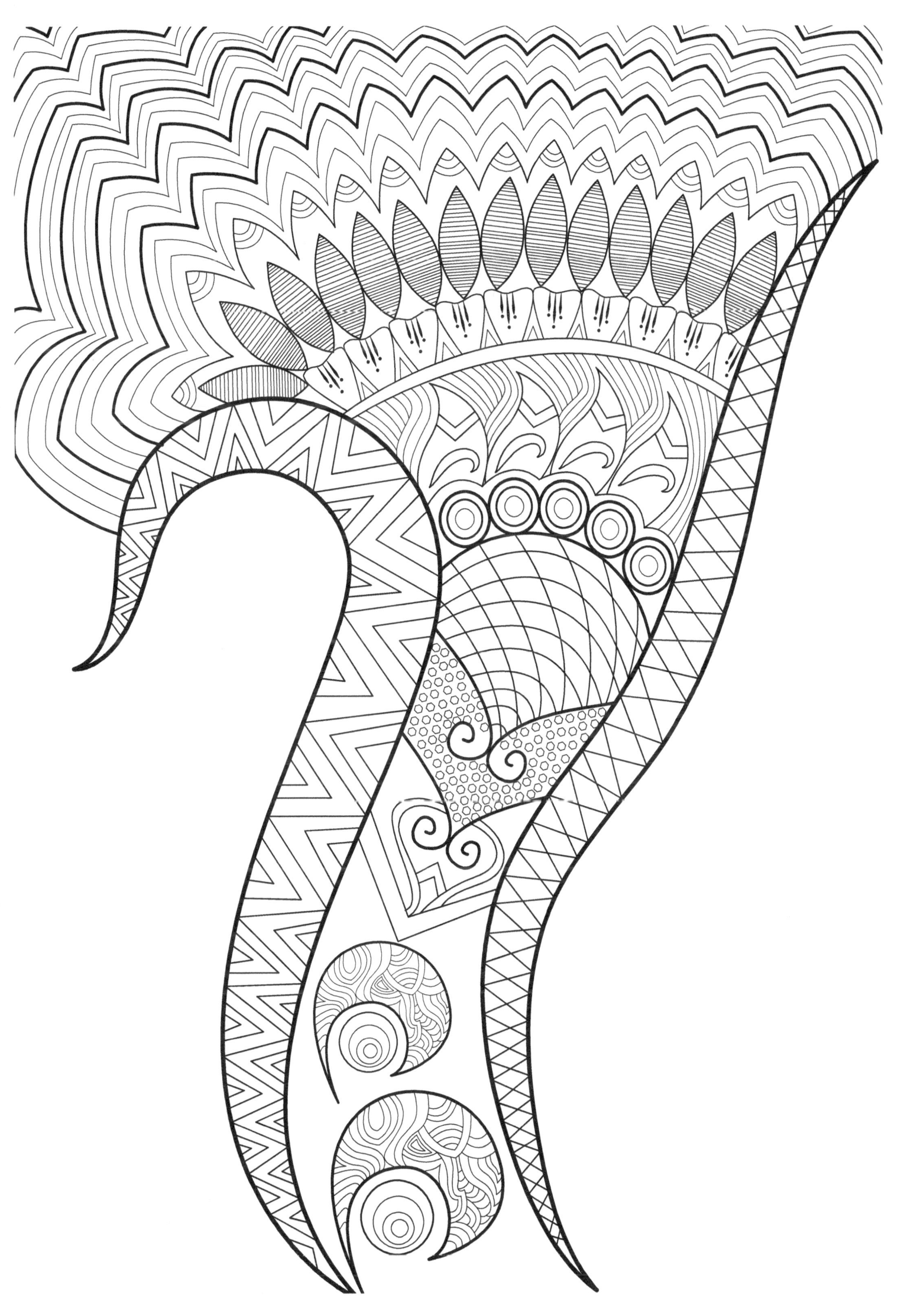

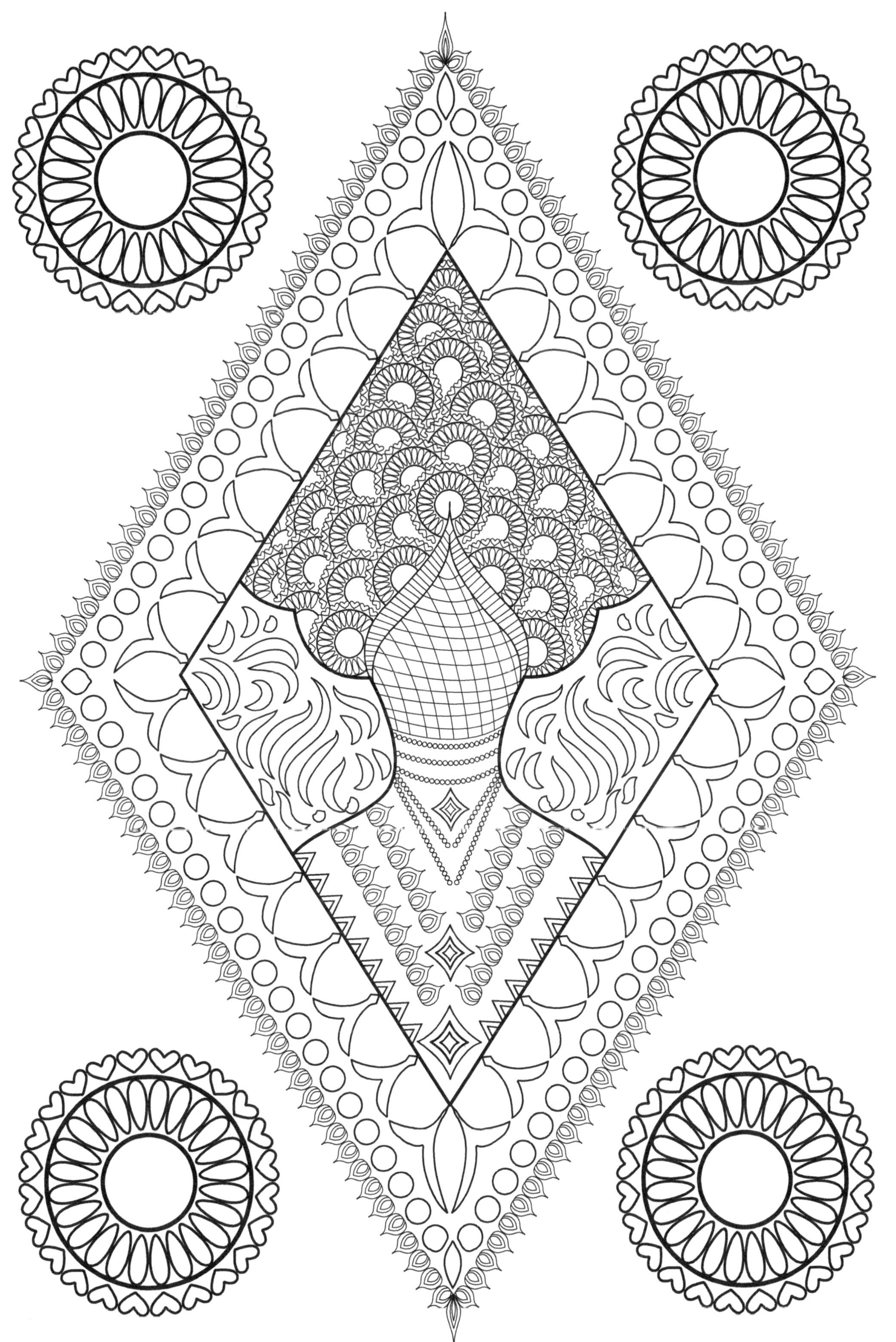

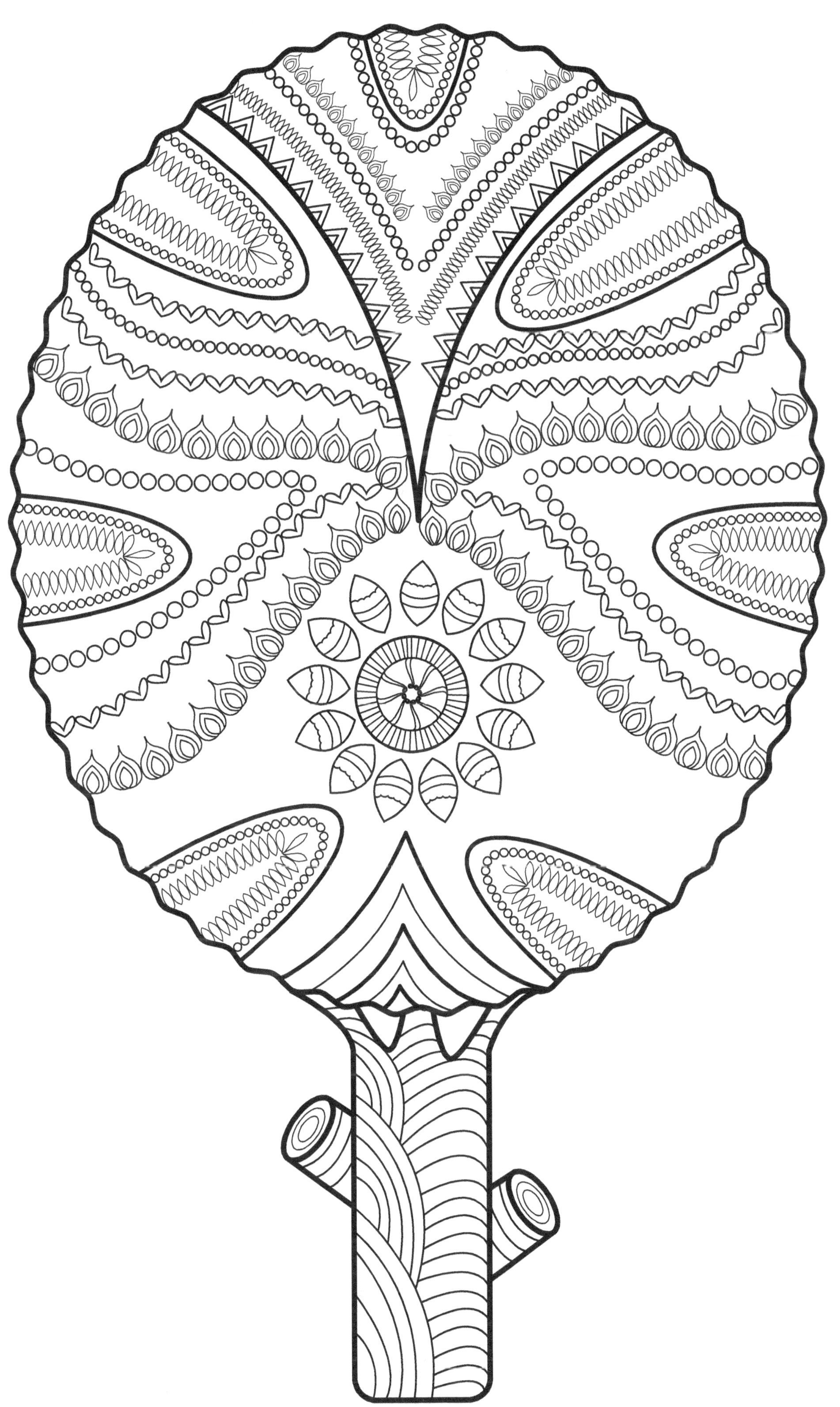

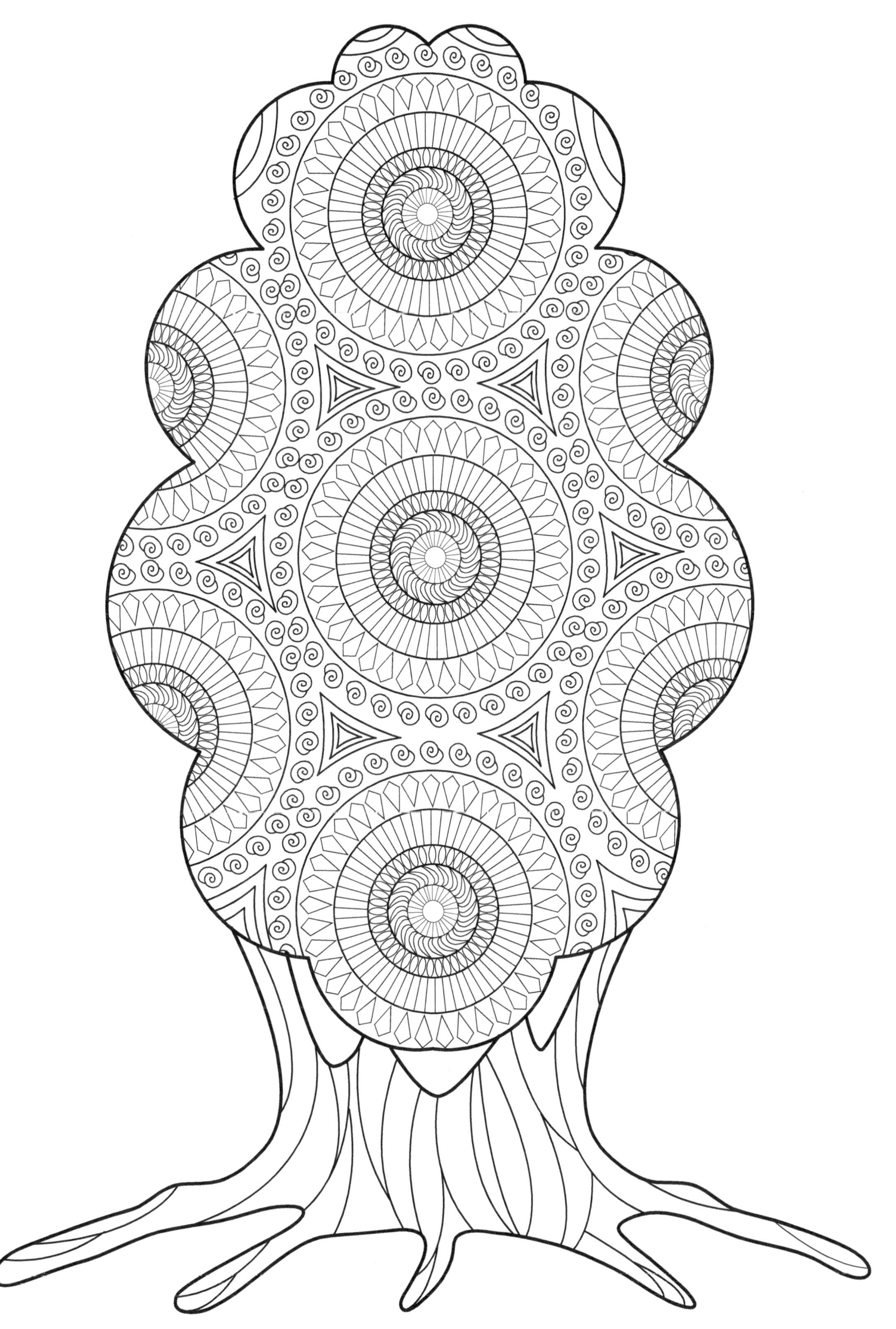

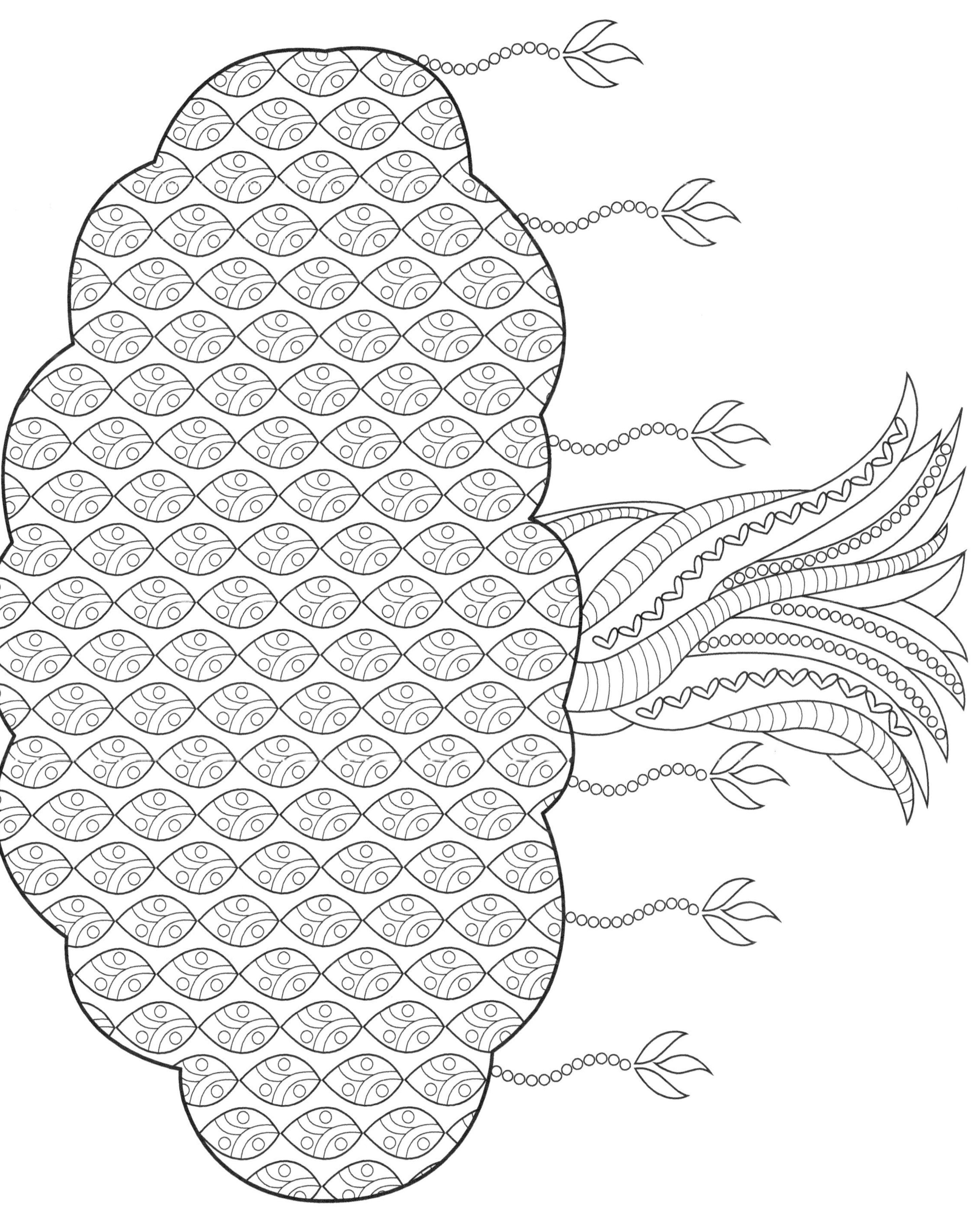

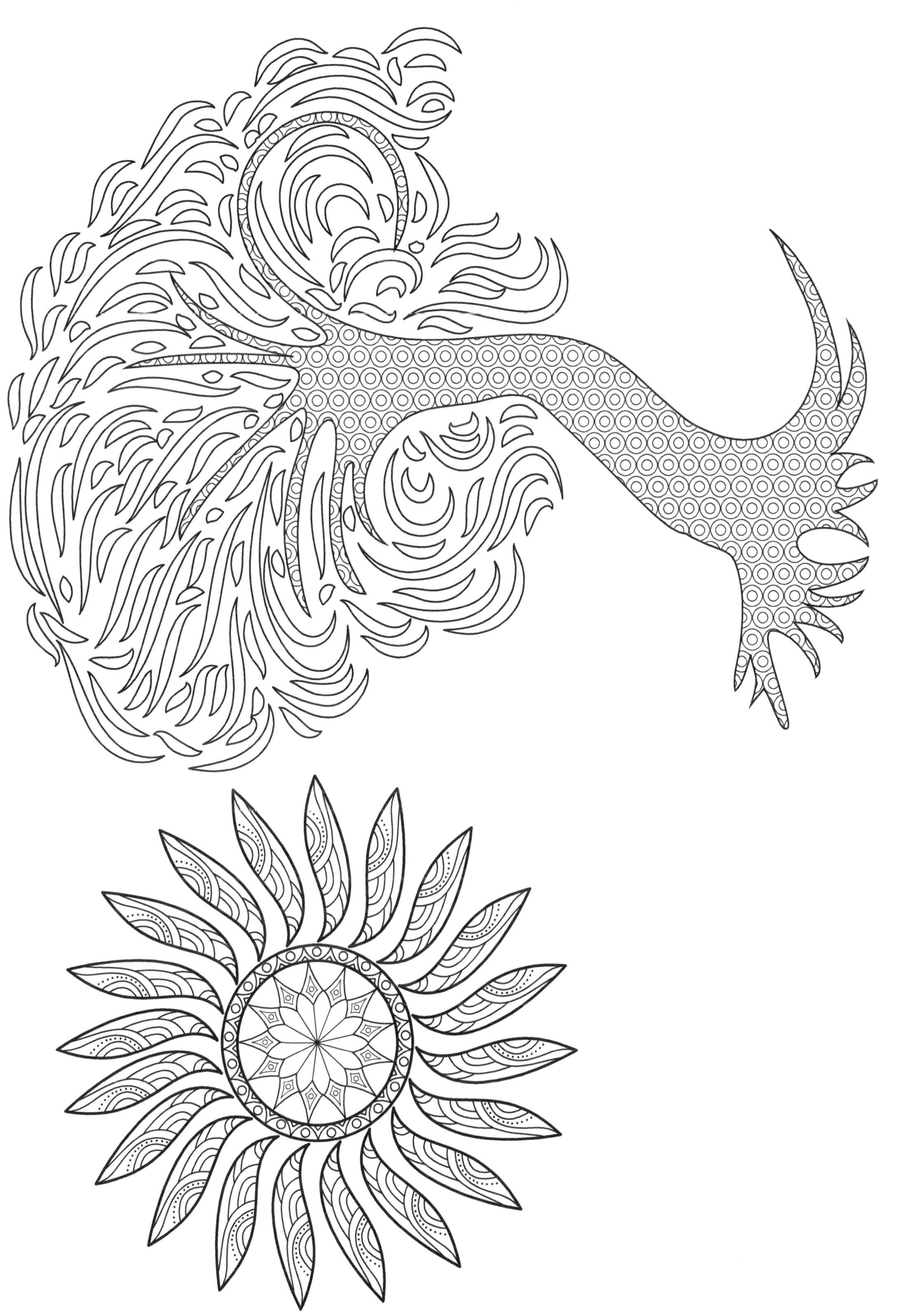

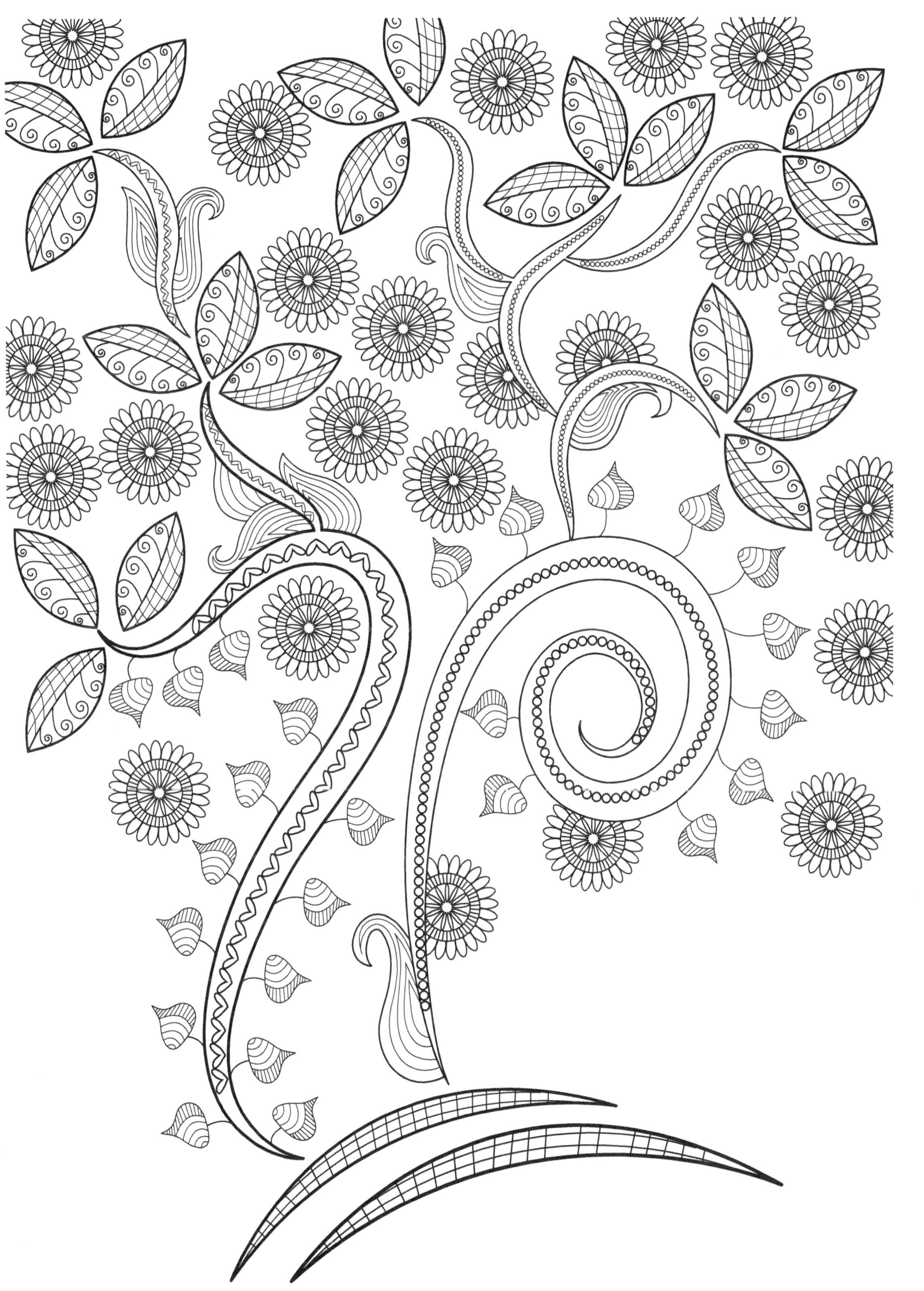

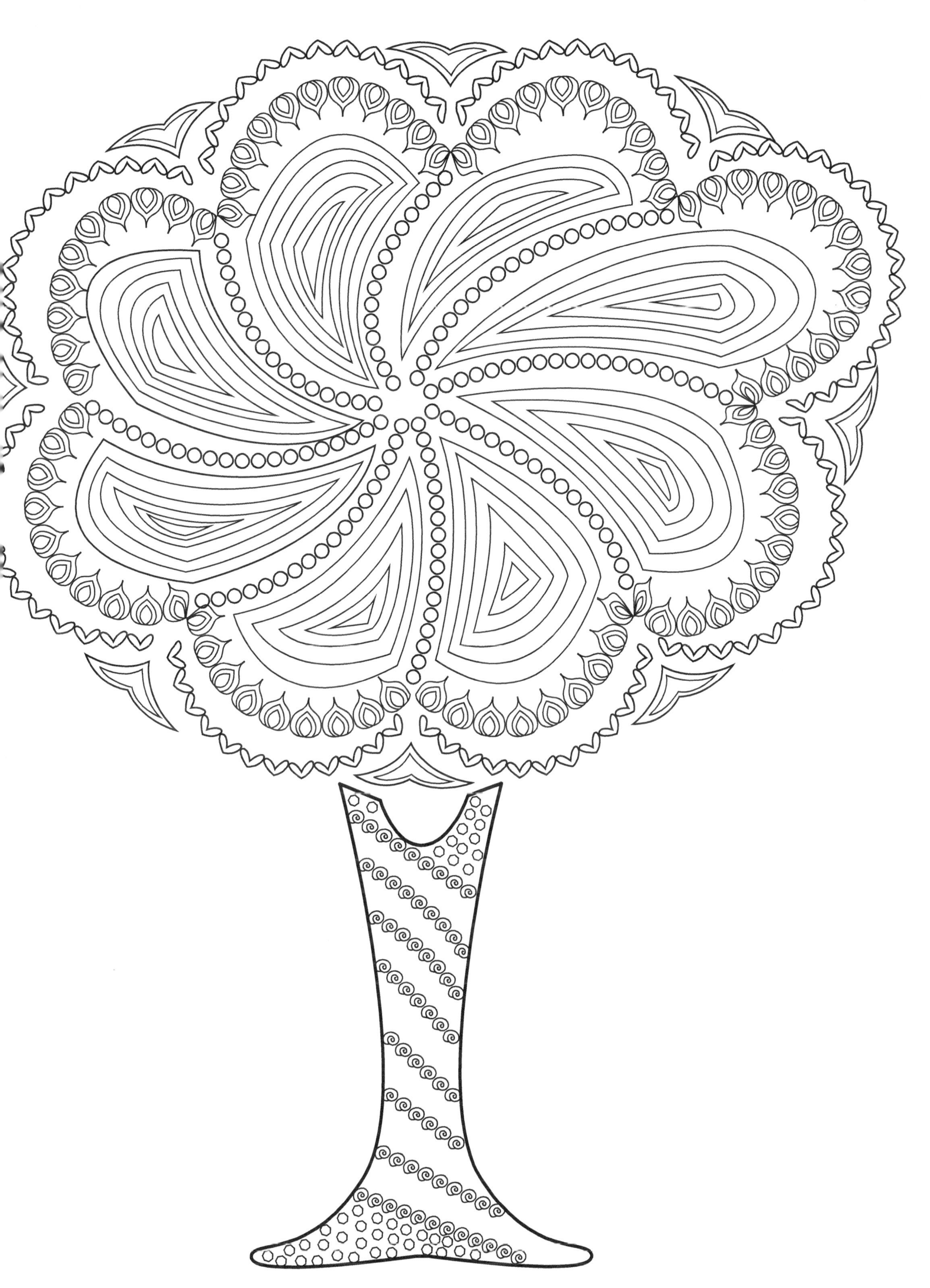

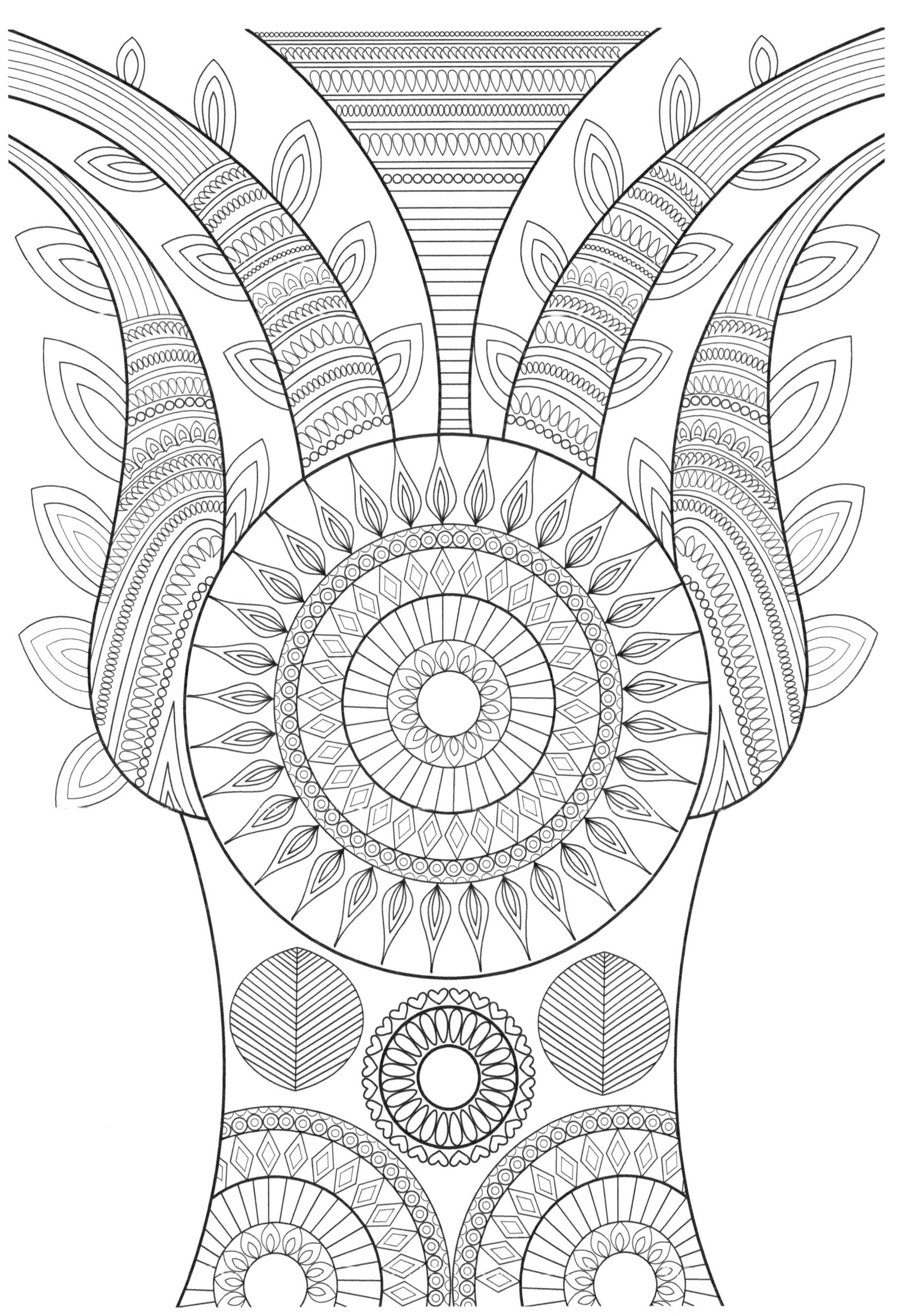

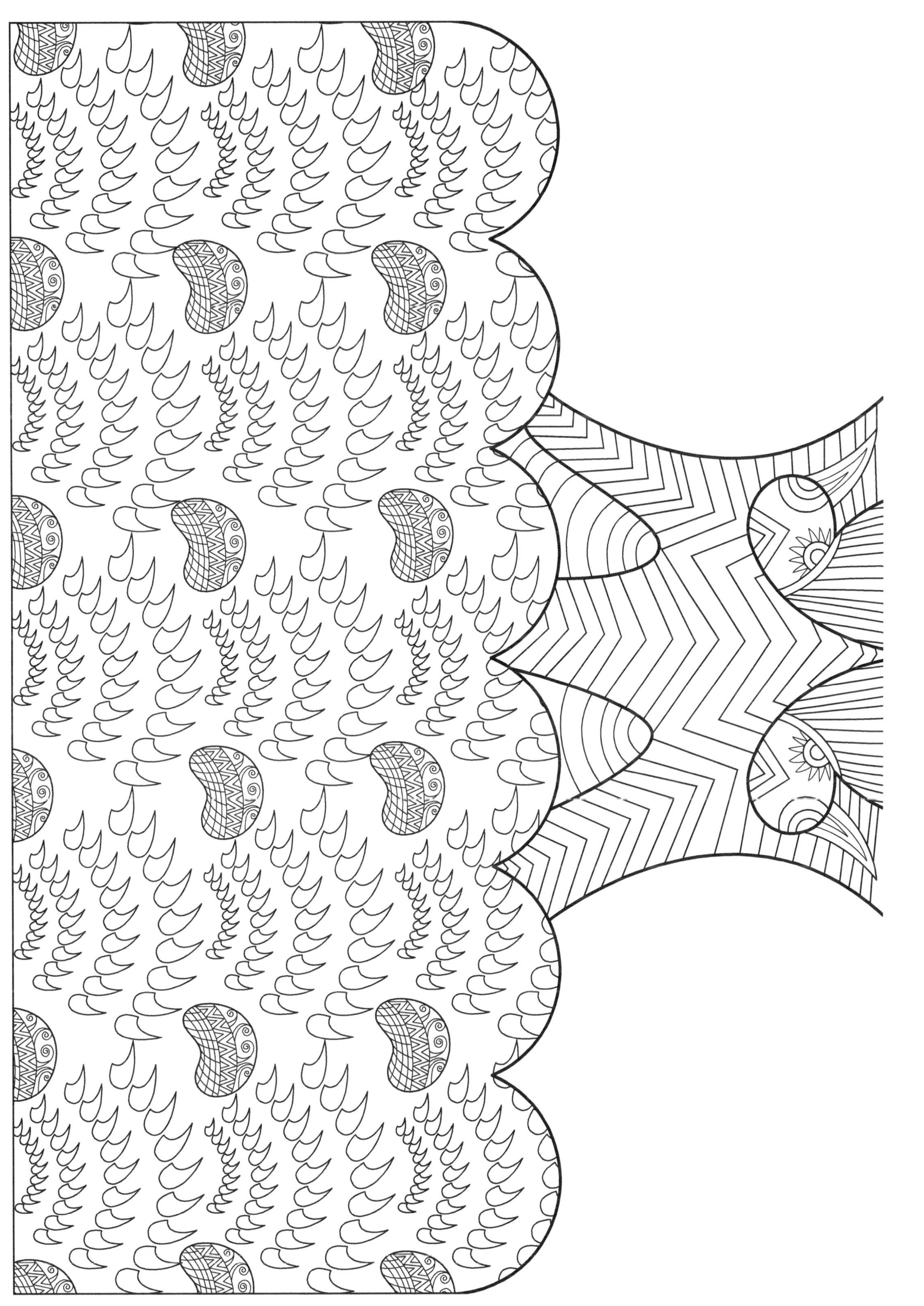

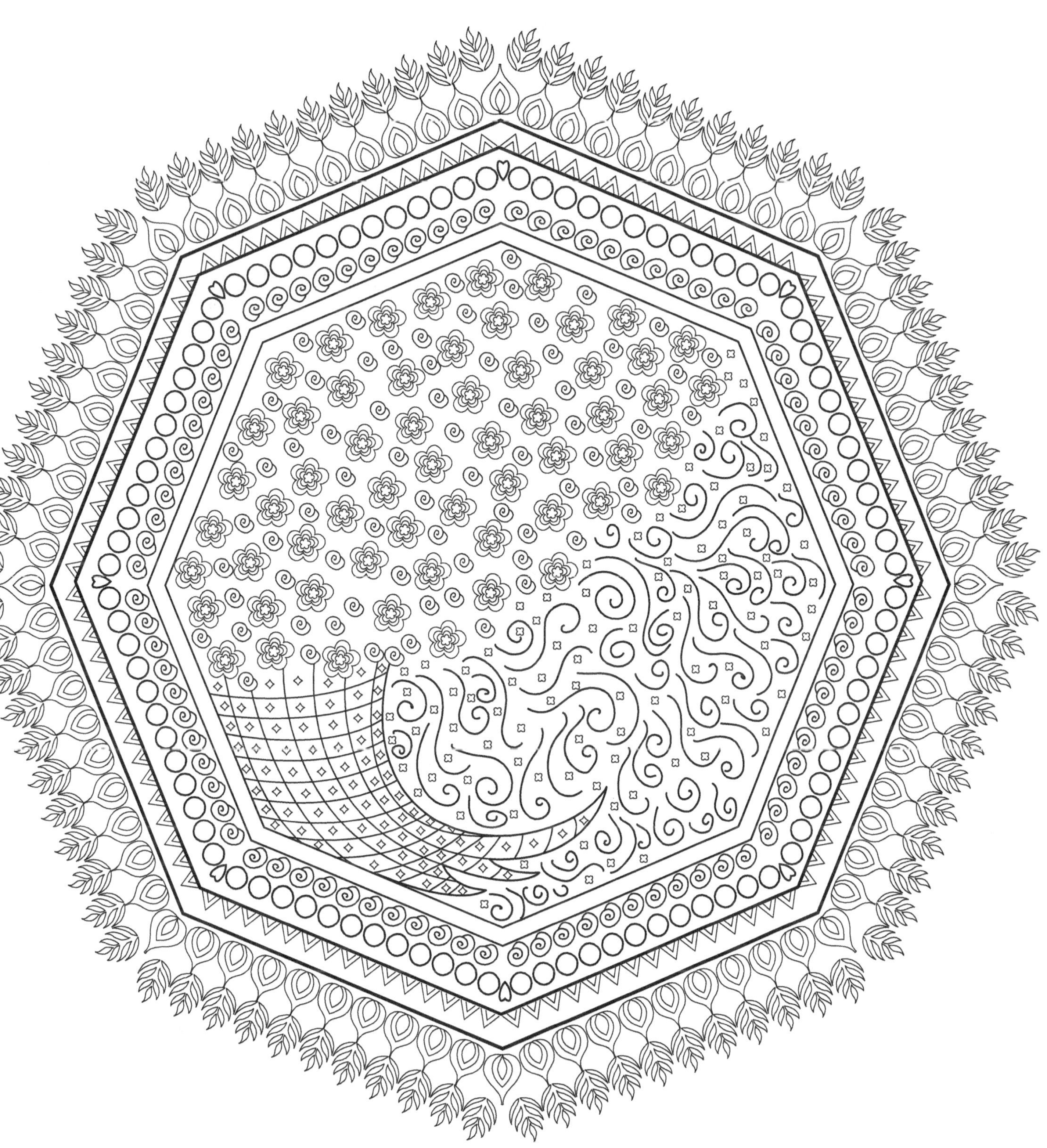

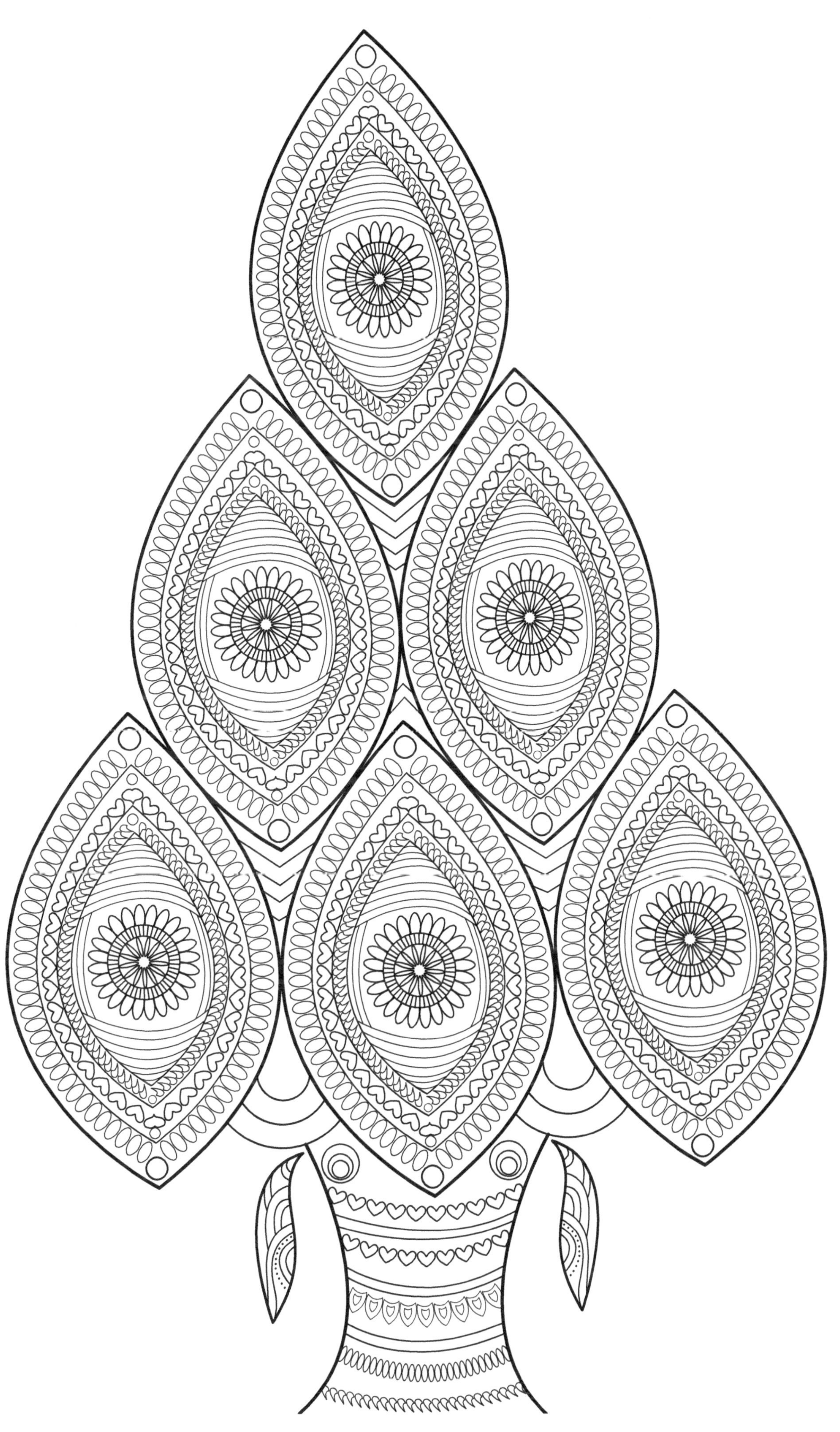

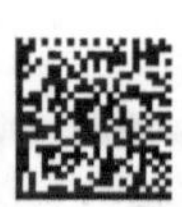

www.ingramcontent.com/pod-product-compliance
Lightning Source LLC
Chambersburg PA
CBHW081936120726
47997CB00010B/3148